令和4年改訂版

屋外スポーツ施設のルール

各競技施設づくりの関連競技規則まとめ
全28競技

公益財団法人 日本スポーツ施設協会

屋外施設部会

発刊にあたって

公益財団法人 日本スポーツ施設協会
屋外施設部会
部会長 小 松 和 幸

　新型コロナウイルスの感染拡大により、オリンピック・パラリンピック2020東京大会の開催が１年延期され、感染拡大防止対策を講じて殆どの競技が無観客での開催となりました。多くのアスリートが熱戦を繰り広げメダルの獲得に盛上りと感動を頂き、大会関係者やボランティア皆様の協力により無事閉幕致しました。

　未だ多くのスポーツイベントはコロナ禍の中、感染拡大防止の為に観客数の制限や入場時の検温・消毒・ソーシャルディスタンスを確保し、開催されております。一方、「2021三重とこわか国体・大会」は開催の中止が決定され、活躍の場が失われたことは、スポーツ界に大きな打撃を与えています。１日も早く安全・安心な環境で、スポーツができるようになることを切に願っております。

　さて、平成27年に設置されたスポーツ庁では、令和２年10月に、アテネオリンピック陸上ハンマー投金メダリストの室伏広治氏が新長官に就任されました。室伏長官は就任会見の中で、「コロナ禍において新しい生活様式のもと、最先端技術も活用しながら安全・安心にスポーツや運動を実施できる方法を開発して普及していく」ことを述べられています。

　本書は「屋外スポーツ施設のルール」として平成10年９月の初版発刊以来、平成13年、平成19年、平成25年に続き今回の令和４年で４回目の改訂版発行となりますが、オリンピック競技として開催された、ビーチバレーやバスケットボール３x３などの新たな競技を加え28競技を掲載しております。スポーツ施設の整備に、本書をご活用いただければ幸いです。

　当部会では、今後も国内外の最新情報と施工経験に基づく活動を通じて、より良いスポーツ施設づくりに貢献して参ります。

　本書の内容について、お気づきの点などございましたらご指導賜りたく、よろしくお願い致します。

　最後になりますが、令和４年改訂版「屋外スポーツ施設のルール」発刊にあたりご尽力された、技術調査委員会の後藤担当副部会長、調査事業委員会の保坂委員長はじめ作成委員の皆様には心より御礼申し上げます。

「屋外スポーツ施設のルール」（令和4年改訂版）

作成委員会　名簿

担当副部会長	後　藤	正　臣
委　員　長	保　坂	洋　三
副委員長	池　田	貴　紀
副委員長	茨　木	梨　沙
委　　員	西　村	拓　治
〃	長谷川	将　平
〃	矢　野	健太郎
〃	堀　江	優
〃	捧	加奈美
〃	相　沢	圭　一
〃	坂　本	洋
〃	富　松	政　行
前副委員長	渡　部	幸　子
事務局長	米　満	明　雄

屋外スポーツ施設のルール　目　次

は　じ　め　に

調査委員会

委員長　保　坂　洋　三

　本書は、屋外スポーツ施設建設に関連する必要な広さや各部分の寸法、勾配などといった競技種目ごとの規則を中心に取りまとめたものです。

　前回の改訂版は、平成25年（2013年）に発刊されました。その後毎年各競技の競技規則等をチェックし、改正が行われた項目については対照表を作成し当部会のホームページに掲載するとともに、平成29年（2017年）には規則変更点をまとめた冊子を発刊しています。

　今回の改訂は、それ以降現在に至る規則等の改正に対して取りまとめたものです。

　改訂版の作成に当たり、各競技の規則等の改正点を確認し、競技種目ごとの最新の規則に則り編集していますが、より見やすくするために、今回改訂では説明文章と掲載図面は大幅に書換えました。

　また、掲載種目は平成25年改訂版の22種目から、東京2020オリンピック・パラリンピックから新種目になったものなど、新たにビーチサッカー、ビーチバレー、クリケット、バスケットボール３ x ３の４種目を加えました。

　なお基本的な編集方針はつぎのとおりで、従来から大きく変わっていません。

１．競技種目の内、主に屋外スポーツ施設に関連する部分について「ルールとして規定されている事柄」についてまとめました。なお室内競技でも学校教育での屋外で行われているものは掲載することにしています。

２．内容は、競技規則や規程等に従いつつ簡潔に表現をおこない、主観的解説は除外しています。

３．それぞれの競技団体で「国内ルール」として規定されている事項をまとめており、「国際ルール」との差異が生じている場合は、その違いを掲載しています。

４．競技規則、ルール、その他の規則書等の出展を明らかにすることで、抜粋し記載した事項以外の部分について容易に検索できるようにしています。

５．各競技種目の図中の寸法表示に関しては、当該競技規則等に掲載されている表現をそのまま記載していることから、単位に関してはそれぞれの表現となっています。

６．競技施設そのものを中心にまとめ、付帯施設については、簡潔に要点を掲載しています。

　今回の改訂は、令和３年を基準に、最新の規則・ルールに基づき編集しています。競技団体毎にルールや規則の見直しは毎年あるいは数年で行われており、多くは各団体のホームページにも掲載されていますが、調査委員会では、今後もより新しい情報を皆様にお伝えできるようしたいと思っています。

1. 陸上競技場

(1) 公認陸上競技場

　陸上競技には、陸上競技場で行われるトラック競技、フィールド競技などと、陸上競技場を一時使用するか、あるいは全く使用しないマラソンなどの長距離ロード競技などがあるが、これらの中心となる施設が陸上競技場である。

　公益財団法人日本陸上競技連盟（以下日本陸連と称する）では、陸上競技の練習並びに競技会の運営に支障がなく行われ、かつ、その競技会で樹立された諸記録が十分信頼されることを目的に公認制度を設けており、定められた規格、規模、精度を満足した施設のみが日本陸連認定の公認競技場と称される。

　公認競技場は、そこで開催し得る競技場の規模などに合わせて、第1種から第4種および第4種L（ライト）までの5つに分類されているが、本書ではそれぞれの種別ごとに各施設について「第○種競技場とは、各競技施設について、どの様な規格、規模、精度等の規定があるか」という様に、関係する諸規格をもとにまとめた。

用器具類（用具・器具）

　競技場の公認については、競技施設の規格などに合わせて、器具や備品類ついても、細部にわたって決められているが、ここでは本書の編集目的が「屋外のスポーツ施設のルール」であることから、直接的に関係の深いもの以外は取り上げていない。

　公認細則第20条では、競技場にそなわる用器具類（用具・器具）ならびに付帯施設について詳細に定められている。これらのうち「検定を要する」とされているものは、事前の所定の手続きに従って日本陸連の検定を受けた「検定品」であることを差しており、検定済みであることを証する検定シールの添付等で区別されている。納入後あるいは設置後に検査を受ける仕組みではないので、注意すること。

　なお、競技場に備える用器具およびそれらの検定についての詳細は、「陸上競技ルールブック」競技に関する規定、細則、競技用器具検定規程と、細則の「別表2用器具一覧」に掲載されているので参照いただきたい。

適用規則

　本編は「陸上競技ルールブック2021年度版」（公益財団法人日本陸上競技連盟 発行）に基づきまとめている。

　競技施設の規格などを紹介するうえで関係が深いと思われる諸規則は次のとおりである。これらについては本文中にその所在を明確にするために（ ）書きで明記した。

　　日本陸上競技連盟競技規則（以下「競技規則」と称する）

　　公認陸上競技場および長距離競走路ならびに競歩路規程（以下「公認規程」と称する）

　　第1種・第2種公認陸上競技場の基本仕様（以下「1・2種公認仕様」と称する）

　　陸上競技場公認に関する細則（以下公認細則と称する）

　　競技用器具検定規格

　　長距離競走路ならびに競歩路公認に関する細則

公認競技場の分類

　公認規程の第3条では、公認競技場を、開催し得る競技会の規模にあわせて、次表のように第1種から第4種L（ライト）までの5つに分類している。

公 認 陸 上 競 技 場 の 分 類

		第 1 種	第 2 種	第 3 種	第 4 種	第4種L（ライト）
1 周 の 距 離		400m	400m	400m	400m	200m、250m 300m、400m
距 離 の 公 差		＋1／10,000以内	＋1／10,000以内	＋1／10,000以内	＋各40mm以内	＋各40mm以内
走路	直走路	1レーンの幅は1 m220で8レーン又は9レーンとする 長さ115m以上	1レーンの幅は1 m220で8レーン又は9レーンとする 長さ115m以上	1レーンの幅は1 m220で8レーンとする 長さ114m以上	1レーンの幅は1 m220で6レーン以上とする 長さ114m以上	1レーンの幅は1 m220で6レーン以上とする 長さ114m以上
	曲走路	1レーンの幅は1 m220で8レーン又は9レーンとする	1レーンの幅は1 m220で8レーン又は9レーンとする	1レーンの幅は1 m220で6レーン以上とする	1レーンの幅は1 m220で4レーン以上とする	1レーンの幅は1 m220で4レーン以上とする
障害物競走設備		必要	必要	無くても可	無くても可	無くても可
補 助 競 技 場		全天候舗装400m 第3種公認陸上競技場	全天候舗装の競技場があることが望ましい	無くても可	無くても可	無くても可
跳 躍 場		仕様・細則に示す数	仕様・細則に示す数	細則に示す数	細則に示す数	細則に示す数
投 て き 場		仕様・細則に示す数	仕様・細則に示す数	細則に示す数	細則に示す数	細則に示す数
		ただし、円盤投げとハンマー投げサークルは兼用してもよい				
収 容 人 員		15,000人以上（芝生席を含む）	5,000人以上（芝生席を含む）	相当数	相当数	相当数
更 衣 室		300人以上収容し得ること	100人以上収容し得ること	利用できる設備があることが望ましい	無くても可	無くても可
トレーニング場		第1種公認競技場では、ウエイトトレーニング場を必要とする				
雨 天 走 路		メインかバックスタンド側にあることが必要 舗装材は競技場と同一にする	設備することが望ましい	無くても可	無くても可	無くても可
トラックとフィールドの舗装材		全天候舗装の施設を要する	全天候舗装の施設を要する	全天候舗装の施設を要する	土質でも可	土質でも可
インフィールド		天然芝・投てき実施可能な人工芝とする	天然芝・投てき実施可能な人工芝とする	天然芝・投てき実施可能な人工芝とする	天然芝・投てき実施可能な人工芝とする	人工芝でもよい
電気機器等の配管		設備を必要とする	設備を必要とする	設備があることが望ましい	無くても可	無くても可
用 器 具 庫		2ヵ所以上で、合計500㎡以上必要	第2種〜第4種Lではそれぞれの種別に示す用器具を収納できるようにする			
浴場またはシャワー室		男女2ヵ所以上	男女2ヵ所以上	利用できる設備があることが望ましい	無くても可	無くても可
競技場の撒水・排水設備		降雨直後の使用が可能なこと 砂場・芝生等の管理に必要な数	降雨直後の使用が可能なこと 砂場・芝生等の管理に必要な数	降雨直後の使用が可能なこと 砂場・芝生等の管理に必要な数	無くても可	無くても可
競技場と場外との境界		競技場の荒廃毀損を防ぎ競技会の際の混雑を防止得る程度の堅牢な境界が必要	競技場の荒廃毀損を防ぎ競技会の際の混雑を防止得る程度の堅牢な境界が必要	無くても可	無くても可	無くても可

	第 1 種	第 2 種	第 3 種	第 4 種	第4種L（ライト）
観客席とトラックとの間の境界	観覧席からみだりに競技場内に出入りできない様に設備する	観覧席からみだりに競技場内に出入りできない様に設備する	無くても可	無くても可	無くても可
競技場にて開催できる競技会の種別の標準	本連盟が主催する日本陸上競技選手権大会、国民体育大会等の全国規模競技会及び国際的な競技会	加盟団体等が主催する選手権大会及び主要な競技会並びに本連盟が承認し主催する競技会	加盟団体等が主催する競技会	加盟団体等が主催する競技会・記録会	加盟団体が主催する記録会、加入団体等の競技会・記録会

　なお、第1・第2種の競技については「第1種・第2種公認陸上競技場の基本仕様」にて次の通り分類され、詳細が規定されている。

(1)　第1種公認競技場

(2)　第2種公認競技場

また、国際競技会およびWAが主催する競技会はWAの規則による。

(2)　トラック競技のための施設

　1）トラック走路

　　　トラック走路を使用して行われる競技については、次のような種目があり、セパレートコースで行う競技、オープンコースで行う競技、一部セパレートコースで行う競技など、さまざまである。

　　　100m、200m、300m、400m、800m、1,000m、1,500m、2,000m、3,000m、5,000m、10,000m、15,000m、20,000m、25,000m、30,000m、1時間、1マイル

　　　ハードル：100m、110m、400m

　　　リレー：4×100m、4×200m、4×400m、4×800m、4×1,500m、100m＋200m＋300m＋400m（メドレーリレー）

　　　競歩：5,000m、10,000m、15,000m、20,000m、30,000m、50,000m、2時間

　　　その他：3,000m障害、2,000m障害

2）トラック走路の規格

礎石間距離80mの400m・9レーントラックの寸法は下記のとおり。

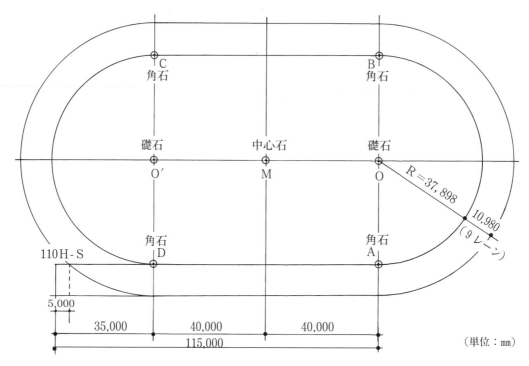

礎石間＝80mの第1種公認規模のトラックの例

3）レーン幅および各レーンの計測について

競技規則TR14　日本陸連が統一している区画について以下のように記されている。

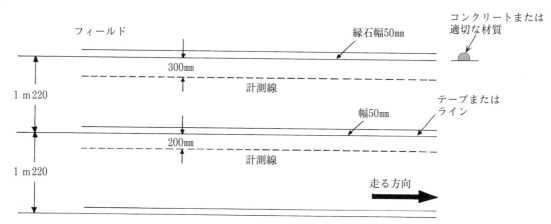

計測線は1レーンのみ内側の区画線（50mmの高さの内側の縁石）から300mmの位置とし、2レーン以上は、内側の区画から200mmとなる。

図におけるレーンの1周長の計算

1レーンの1周長＝80.000×2＋（37.898＋0.300）×2×3.1416＝400.00567m

2レーンの1周長＝80.000×2＋（37.898＋1.220＋0.200）×2×3.1416＝407.04286m（レーン幅1.220m）

競技規則TR14、TR17には、トラックとレーンについて、次の記述がある。

①　計測は、縁石の外側から300mm外方、そして曲走路において縁石がない場合（あるいは、障害物競走で水豪を超えるために縁石が置かれてないメイントラックを離れる場合）、ラインの

外端から200mmのところを測る。　　　　　　　　　　　　　　　　　　（競技規則TR14．2）

②　400mまでのレースにおいて、各競技者は、幅50mmの白色のラインで区切られた、内側のラ
　　イン幅を含む最大幅1m220（±10mm）のレーンを走らなければならない。すべてのレーンは
　　同じ幅でなくてはならない。内側のレーンは、競技規則第160条2の規定によって計測するが、
　　その他のレーンはラインの外端から200mmのところで測る。　　　　　　（競技規則TR14．4）

③　少なくとも、1つの曲走路を含むレースでは、走ったり歩いたりする方向は、左手が内側に
　　なるようにする。また、レーンナンバーは、左手側から順にレーン1とつける。

　　　　　　　　　　　　　　　　　　　　　　　　　　　　　　　　　　（競技規則TR17．1）

【国内】直線競走（100m、110mハードル、110mハードル）で逆走することは認めない。た
　　　　だし、公式に計測された競技場において、かつ審判の諸設備が整っている場合はこの
　　　　限りではない。

【国内】レーン（走路）の幅は1m220とする。レーン（走路）の幅が1m250で公認継続して
　　　　いる競技場は、トラックおよび走路の全面改修および公認満了が2021年4月1日以降
　　　　の検定から1m220の基準を適用する。

4）距離の測定方法

　　　トラックの1周長400mの計算根拠は上記のとおりであるが、この距離計算については公認細則
第3条にある次の方法により行う。

①　計測の基準　　　礎石および角石に刻まれた点または線を基準とする。従ってこれらの設置は十
　　　　　　　　　　分な正確さを必要とする。

②　計測器具　　　　計測には少なくとも20秒読みのトランジット、レベルの計測器ならびに日本陸
　　　　　　　　　　連指定の50m鋼製巻尺およびスプリング・バランス（バネばかり）を用いる。

③　計測方法　　　　巻尺を同一レベルの状態に置き、巻尺の一端を100Nの張力を加え、mm単位ま
　　　　　　　　　　で計測する。曲走路においては、礎石から曲走路の内側の縁（走路との境界線）
　　　　　　　　　　まで20箇所を計測する。

④　実長の算出　　　使用した鋼尺の恒差および測定時の温度による伸縮を補正する。距離測定の標
　　　　　　　　　　準温度は摂氏20度とし、次の式により求めることができる。

　　　　　　　　　　　　L20℃＝L＋Lα＋Lt

　　　　　　　　　　　　L20℃：20℃における実長

　　　　　　　　　　　　L　　：計測された長さ

　　　　　　　　　　　　Lα　：20℃との温度差による伸縮長　　Lα＝Lx×（t－20）

　　　　　　　　　　　　Lx　：1℃の膨張係数

　　　　　　　　　　　　t℃　：計測時における巻尺の温度

　　　　　　　　　　　　α　　：巻尺の線膨張率　　11.5×10⁻⁶/℃

　　　　　　　　　　　　Lt　：巻尺の目盛りの恒差

⑤　曲走路の計算法　前項の方法によって算出した実長の平均（実測半径）に300mmを加え（計
　　　　　　　　　　算半径）、これに円周率（3.1416）をかけて計算する。ただし、第4種競
　　　　　　　　　　技場において縁石の高さが走路と同一レベルの時は、その実測半径に200
　　　　　　　　　　mmを加えて計算半径とする。

5）距離の公差

トラック1周の距離の許容誤差（公差）については、次の規定がある。

・1周の距離の許容誤差のマイナス（－）は認めない。　　　（公認に関する細則第3条－2）

・第1・2・3種競技場の公差　　　　＋10,000分の1以内

・第4種・第4種L競技場の公差　　　＋40mm以内

6）走路の許容傾斜度

走路および跳躍場、投てき場の助走路の許容傾斜度は、次のとおりとする。

① 走路の最大許容傾斜度は、幅で内側へ100分の1を超えないようにし、走る方向への下り傾斜は1,000分の1を超えてはならない。

② 跳躍場、投てき場の助走路の最大許容傾斜度は、幅で内側へ100分の1を超えないようにし、走る方向への下り傾斜は1,000分の1を超えてはならない。

③ フィールドおよび投てき場の許容傾斜度は、上記に準ずる。ただし、半円部分の許容傾斜度は250分の1を超えないものとする。

7）サーフェスの材質、規格

公認規程第3条では、〔第1・2・3種競技場では全天候舗装の施設を要する〕とされている。全天候舗装についての規格は以下のとおりである。

① 厚　さ

・走路の厚さは、13mm以上とする。

・助走路の厚さは、15mm以上とする。

・直走路スタート付近の全天候舗装に直接踏み切る部分の厚さは、摩耗度や助走路の競技者の保護を含め18mm以上でよい。

・18mm以上とする部分は、直走路では、100mスタートライン前後5mから110mハードルのスタートライン後方5mまでとする。ただし、100mのみの場合は、スタートライン前後5mとする。走高跳では、計測基準台を中心に幅で14m、長さ8mとする。棒高跳では、ボックス後方8mとする。走幅跳、三段跳では、踏切板の後方8mとする。やり投げでは、スターティングの円弧より後方8mとする。　　　　　（公認細則第8条－3）

② 仕上げ・硬さ

・路面はトッピング（粒径5mm前後）仕上げ、エンボス状の仕上げ、またはこれに準ずるものとする。

・硬度はJIS規格40～60とする。ただし、施設により75以下も認める。（※JIS規格K6253デュロメーターA）

・激しい使用に耐える摩耗および亀裂しにくいものとする。

・下層の下地材（コンクリート、アスファルト混合物）に密着するものとする。

・走路、助走路および半円部分の舗装はすべて単一の色とする。ただし、走路と半円部分の舗装は異なる色としてもよい。

・走路、助走路および半円部分の舗装材は、すべて同等のものとし、表面仕上げおよび硬度はすべて同一とする。また、舗装を一部改修するときにも、舗装材は既存の舗装材と同等のものとし、表面仕上げおよび硬度は既存の舗装と同一とする。　　　　　（公認細則第8条－2）

土系の舗装材については、公認細則第19条(2)に次のように記されている。

・第4種陸上競技場に限り、走路・助走路の舗装は土質とすることができる。この時の土質は、排水状況が良好で硬すぎず、しかも弾力性を帯びた適度の湿粘性を有するものとする。

（公認細則第19条－2）

8）障害物競走路および関連付帯施設

　　障害物競走は、競走路に均等に配置された5つの障害物（うち1つは固定された施設"水濠"）を超えながらタイムを競う競技であり、標準距離は2,000mと3,000mとがあるが、その内容は競技規則TR23に記載されている。

　　障害物競走路は、図のように多くの部分についてトラック走路を使用するが、第2曲走路（角石C～Dの部分）の外側または内側に水濠を設置するため、三日月形の専用走路が一部形成されることになる。

　　なお、公認規程第3条では、第3・4種・4種Lの競技場では、障害物競走設備は「無くても可」とされている。

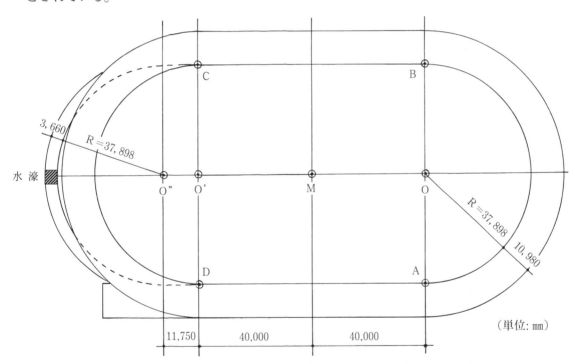

礎石間＝80mの第1種公認規模の障害物競走路および水濠位置の例

①　障害物競走の距離

　　前図のように礎石間＝80mのトラック外側に水濠を設けた場合、1周の距離は次のとおりである。

　　（トラックの内縁がトラックより50mm高い場合）

　【9レーン】1周長＝（80.000＋11.750）×2＋（37.898＋0.300）×2×3.1416
　　　　　　　　　　＝183.500＋240.00567＝423.50567m

　【8レーン】1周長＝（80.000＋10.500）×2＋（37.898＋0.300）×2×3.1416
　　　　　　　　　　＝181.000＋240.00567＝421.00567m

②　障害物競走路の幅

　　水濠の幅が3m660であることから、トラック走路外側の水濠に前後する三日月型の走路部分の幅も3m660とする。

③　距離の測定方法

—9—

④　距離の公差

⑤　走路の許容傾斜度

⑥　全天候舗装材　　以上の４項目は、トラック走路に準じる。

9）水　濠

　　競技規則における水濠についての規定は、次のとおりである。

・水濠は障害物を含めて、長さ３m660（±20mm）、幅が３m660（±20mm）とする。水濠の底は、シューズを安全にしっかり受け止められるように、十分な厚さのマットか合成表面材でなければならない。スタート時の水濠の水面とトラックの表面の差は20mmを超えてはならない。

　　〔国内〕障害物に接する側の水濠の水深は500mm（±50mm）とし、他の側でグラウンドと同一表面になるように底を12.4°（±１°）均一に上向きに傾斜させる。水深は、700mmから500mmに減じる。

　　〔国際〕障害物に接する側の水濠の水深は進行方向に約１m200mmにわたり500mm（±50mm）とし、他の側でグラウンドと同一表面になるように底を12.4°（±１°）均一に上向きに傾斜させる。

　　〔注意〕2018〜2019年度の競技規則で定められた規定で作られたものは有効とする。

（競技規則TR23.6）

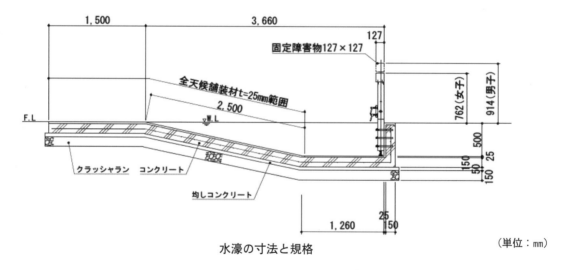

水濠の寸法と規格　　　　　　　　　　　　　　　　（単位：mm）

　　さらに公認細則第13条には、水濠に関しての詳細な記述がある。

・水濠は、第３と第４コーナーの間の一般走路の内側または外側の縁石に近接して設置し、さらに水濠に接して固定した障害物（以下、「固定障害物」という）を設ける。

・水濠は、注水・排水が迅速に行われ、競技中は常に満水状態を保つ。

・水濠までの間に走路の縁石が埋設できないところは、幅50mmおよび高さ50mmの適当な長さの白色の縁石を置く。

・水濠の大きさは、３m660（±20mm）×３m660（±20mm）とする。

・障害物に接する側の水濠の深さは500mmとし、他の側でフィールドの地表と同一レベルになるように12.4°（±１°）均一に上向きに傾斜させる。水濠の走路全面をt＝25mmの全天候舗装とする。水深700mmの施設は改修時に解消する。

・固定障害物のバーは、127mm×127mm×長さ３m660の木材を使用し、現場検定とする。水濠の水面からバーの上部の高さは、男子で914mm（±３mm）、女子で762mm（±３mm）となる。

- 固定障害物の高さは、バーの調整も含め、男女の使用が速やかに行えるような構造とする。
- 障害物競走の水濠部の走路面は走路面は1m500までおよび水面下の斜面の部分の厚さは25mm以上とする。（水面下は約2m500の長さまでとするが全面でもよい。水濠の深さを500mmとしたときは全面とする。）

  なお、障害物競走に使用される移動障害物については、競技規則TR23に記載されている。

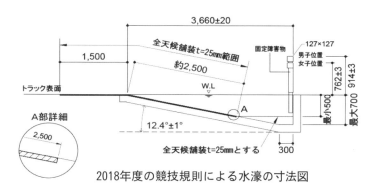

2018年度の競技規則による水濠の寸法図

(3) トラック走路の付帯施設

1) 礎石、中心石、角石

礎石、中心石はトラック走路の中心となる部分に埋設する標識で、通常は150×150×300mmの御影石の頂部に十字の刻線入りの真ちゅう板を埋め込んだものを、しっかりしたコンクリート製の基礎に固定する。

また角石は、トラック走路の曲走路と直走路のとの境界点、あるいは半径を異にする円弧の境界点、走路の内、外両側に設置する標識で、全天候舗装の場合は、真ちゅう製のプレートそのものにアンカーを付け、モルタルで埋設固定することが多い。また全天候舗装以外の場合、礎石同様、御影石の頂部に（－）字の刻線入りの真ちゅう板を埋め込んだものを設置することが多い。

いずれもトラック1周長の測定の基準となる重要なポイントであり、その設置については、前記の距離測定の要領で、極めて正確に設置を行わなければならない。

2) 標　石

トラックの標石は、曲走路、直走路のいずれも中間点の内、外側に設置する標識で角石と同様に設置する。

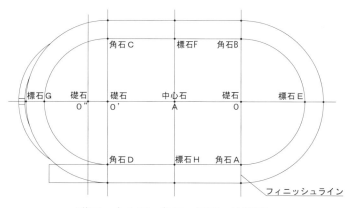

礎石、中心石、角石、標石、位置図

角石標石の位置図（トラック走路との関係）

礎石、中心石などについての規格

形状、設置等についての規格には、次のものがある。

・礎石は曲走路の円弧の中心に設置する。礎石の頂部は設置する表面より50㎜以上下げることが望ましい。角石は、曲走路と、直走路との境界点あるいは半径を異にする円弧の境界点で、走路の両側に縁と同一レベルで設置する。

・礎石および角石は、約150㎜×150㎜の平面である石またはコンクリート等を用い（全天候舗装の場合の角石は30㎜～50㎜の正方形で厚さ3㎜～5㎜の金属板）、下部は基礎地盤に固着させ頂部に刻線または点を刻む。なおできる限り、金属板に刻線（礎石は十文字、角石は縦に一文字）したものを頂部に固着させるか点を刻む。 （公認細則第4条、第5条）

3）内圏縁石（縁石）

内圏縁石は、トラック走路の内側に走路面より50㎜高く設置されている固定物で、走者がトラックの内側を走るのを防ぐ役割をしている。

・トラックの内縁は鉄製または他の適当な材料を使い、下部は表面排水を良好にするような構造で、基礎地盤に固着する（以下「縁石」という）。

縁石は抜き差しできるようにしてもよい。内縁は高さ50㎜、幅50㎜とする。ただし、第4種競技場に限り内縁は走路と同一レベルとしてもよい。縁石が外される場合は、縁石直下の場所に幅50㎜の白線を引く。 （公認細則第6条）

内圏縁石もトラックの1周長を測定する上で重要な施設である。設置に当たっては、前記の距離測定の要領で極めて正確に設置しなければならない。

4）フィニッシュライン、フィニッシュポスト

トラック競技におけるフィニッシュは通常の場合、図の如く角石A～A´の内外を結ぶラインである。このラインの延長線上には判定のため、フィニッシュポスト、写真判定装置、決勝審判台といった施設や備品類が設置されている。

・スタートラインとフィニッシュラインは、トラックの内側から直角に引いた幅50㎜のラインで示される。競走距離は、スタートラインのフィニッシュラインに遠い方の端から、フィニッシュラインのスタートラインに近い方の端まで計測する。 （競技規則TR14.3、TR16.1、TR18.1）

フィニッシュポスト

［国内］フィニッシュポスト－写真判定システムがない場合、2本の白色に塗られた柱をフィニッシュラインの延長線上に少なくともトラックの端から300㎜のところに置く。フィニッシュポストは強固な構造で、高さ約1m400、幅80㎜、厚さ20㎜とする。 （競技規則TR18）

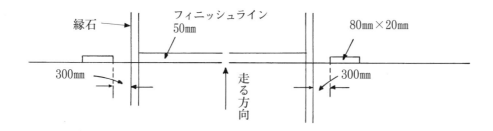

5）写真判定装置

　　いずれも公認規程に規定されている必備器具である。（第1種・第2種）

　　写真判定装置については、特別検定を要する重要な装置であり、第1種・第2種公認基本仕様においては次のことが記されている。

・スタンドの上層部には放送室、指令室、電光掲示板操作室等を設け、同一レベルに隣り合わせて写真判定室ならびに装置を設置する。また下層部には、情報処理室、コピー室、医務室、ドーピング検査室、ウエイト・トレーニング室等を競技会運営上最も使用しやすい場所に設ける。

（1・2種公認仕様－20）

　　また、決勝審判台に関しては、フィニッシュラインの延長線上に正確に設置する必要性と、その重量をしっかり支えるように、コンクリート土間を設置部分に設けることが多い。

6）標識タイル

　　トラック走路上にある各種のスタートライン、ハードルの位置等を明示するための標識を、標識タイルと呼び、どんな種目の何のためのものであるかを記したステンレス製等の小さな板を、トラック走路の内・外側に同じものを取り付けることによって示している。

タ イ ル マ ー ク の 表 示 例

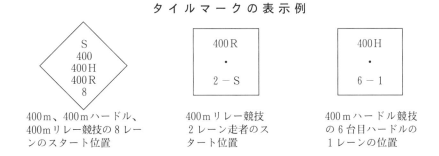

400m、400mハードル、　　　　400mリレー競技　　　　　400mハードル競技
400mリレー競技の8レー　　　　2レーン走者のス　　　　　の6台目ハードルの
ンのスタート位置　　　　　　　タート位置　　　　　　　　1レーンの位置

　　これらの設置に当たってはトランシット、検定済みのメジャー等を用いて極めて正確に、注意深く行う必要がある。

・曲走路上にある各種スタートライン、各種リレーのテーク・オーバー・ゾーン、各種ハードルの位置等は角度にて計算し標識をもって明示する。標識は走路の両側のふちに明瞭で耐久性のあるものを固定する。

（公認細則第10条）

7）レーンマーキング

　　トラック走路を各レーン毎に1m220に区分している白線や、各種助走路を区分している白線、トラック走路において、各競技のスタート位置やリレーのテーク・オーバー・ゾーン、ハードルの位置に示す印等を総じて、レーンマーキングと呼び、走路や助走路区域の全天候舗装面上に直接ペイントされる。走路面がアンツーカなどを用いて作られている場合は、ライン用のビニールテープや石灰などが用いられる。

　　それぞれの幅や寸法、形状、色などは陸上競技場公認に関する細則の別表－1にある「全天候舗装用レーンマーキング色分け標準表」に詳細に記されており、これに基づいて耐候性のある、色あせなしない塗料を用いて、正確にはっきり書くことが重要である。

・トラック走路の各種スタートライン、テーク・オーバー・ゾーン、ハードルの位置に標識タイルを埋設し、路面に直接塗布して明示する。色彩は、「全天候舗装用レーンマーキング色分け標準表」による。（舗装がレンガ色以外では、見やすい色に変更してもよく、ブルートラックの場合、

青色のマーキングは赤色が望ましい。）

ただし、4×200mリレー、100m＋200m＋300m＋400mリレーは、標識タイルのみとする。

（公認細則第10条）

(4) 跳躍競技のための競技施設

1）走幅跳、三段跳施設の寸法および規格

① 走幅跳、三段跳の施設はつぎのとおりとする。（　）内は女子。

	施設数	助 走 路		砂 場			踏切板から砂場までの距離	
		長さ（m）	幅（m）	幅（m）	長さ（m）	深さ（m）	走幅跳（m）	三段跳（m）
第1・2種	6以上	45以上	1.22	2.75～3.00	8以上	0.5以上	2	13（10）
第3種	1以上	40以上	1.22	2.75～3.00	8以上	0.5以上	2	11以上（7以上）
第4種	1以上	40以上	1.22	2.75～3.00	7以上	0.5以上	2	11以上（7以上）

（公認細則第16条）

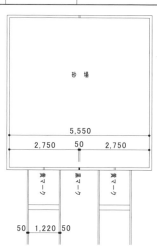

- 幅は1m220とする。
- 助走路の横断面は山型が望ましい。
- 助走路の厚さは15mm以上とする。　（公認細則第8条(3)）

   助走路の幅は1m22±0.01mとし、助走路の両側に幅50mmの
   白いラインを引かなければならない。　（競技規則TR29.1）

② 助走路の許容傾斜度

- フィールド助走路（走幅跳、三段跳、走高跳、棒高跳、やり
  投）の許容傾斜度は、幅で100分の1、走る方向で1,000分の
  1を超えてはならない。ただし半円部分の傾斜度は250分の
  1を超えないものとする。　（公認細則第9条(2)、(3)）

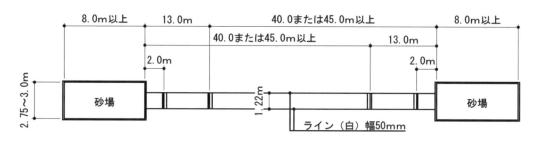

走幅跳・三段跳助走路例

③ レ ベ ル

- 走幅跳、三段跳の助走路は、踏切板ならびに砂場の上縁と同一レベルとする。

（公認細則第16条－5）

※球技に支障がなければ、A、Bゾーンと同一レベルとする。

④ サーフェスの材質、規格

- 助走路の厚さは15mm以上とする。

   摩耗度や競技者の保護の観点から、踏切板後方8mの地点までの厚さを18mm以上とする。

（公認細則第8条－3）

⑤ 踏 切 板
- 走幅跳、三段跳の設備を併用しても差し支えない。 　　　　　　　　（公認細則第16条－4）
- 踏切り地点を示すために、助走路および砂場の表面と同じ高さに埋める。踏切板の砂場に近い方の端を踏切線と呼ぶ。踏切線のすぐ先に、判定しやすいように粘土板を置かなければならない。 　　　　　　　　　　　　　　　　　　　　　　　　　　　　　　　（競技規則TR29.3）
- 構　造
　　踏切板は、競技者の靴のスパイクがグリップし滑らない木または他の強固な材質で作られた直方体のもので、長さ1m220（±10㎜）、幅200㎜（±2㎜）、厚さ100㎜以内とする。踏切板は白色でなければならない。 　　　　　　　　　　　　　　　　　　　（競技規則TR29.4）
- 粘土板－粘土板は幅100㎜（±2㎜）、長さ1m220（±10㎜）の木材または、他の材質の強固な板でつくり、踏切板とは区別できる別の色でなければならない。可能な限り粘土も他の2つの色と区別できる色とする。
　　粘土板は砂場に近い踏切板の縁の窪みに埋める。その表面は、踏切版の水平面から7㎜（±1㎜）盛り上がっていなければならない。
　　粘土板は、粘土を埋めた時は助走路に近い縁が90°の角度となるように隅を削り取る。（図参照）粘土板上部の踏切板に近い方の端約10㎜もまた全長にわたって粘土で覆う。　（競技規則TR29.5）

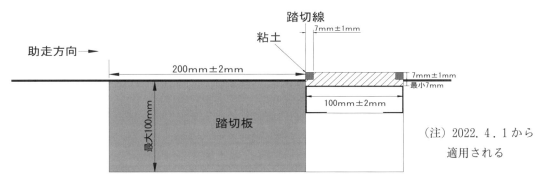

（注）2022.4.1から
　　　適用される

　a．走幅跳踏切板
　　- 踏切板と砂場の遠い端との距離は少なくとも10m、可能であれば11mとする。
　　　　　　　　　　　　　　　　　　　　　　　　　　　　　　　　　（競技規則TR30.4）
　　- 踏切板と砂場の距離は、砂場に近い端から1m～3mに位置しなくてはならない。
　　　　　　　　　　　　　　　　　　　　　　　　　　　　　　　　　（競技規則TR30.5）
　　［国内］本連盟が主催、共催する競技会では、踏切線と砂場の距離は2mを標準とする。
　b．三段跳踏切板
　　- 男子の踏切線は、砂場の遠い方の端から少なくとも21m以上とする。
　　［国内］女子はこの限りではない。 　　　　　　　　　　　　　　　（競技規則TR31.3）
　　［国際］国際競技会では、踏切板は、砂場の近い方の端から男子13m、女子10mより短くしない。その他競技会では、この距離間隔は競技会のレベルに合わせて行う。
　　［国内］国内競技会では、踏切板は、砂場の近い方の端から男子13m、女子10mより短くしないことが望ましい。また、競技者のレベルに合わせて審判長が判断し、男女ともに砂場までの距離を短くすることができる。
⑥ 着地場所　　　　　　　　　　　　　　　　　　　　　　　　　　　（競技規則TR31.4）
　　跳躍用砂場の幅は2m750～3mとする。砂場は、できればその中央と助走路の中央が一致するように位置させる。

〔注意〕助走路の中心線が砂場の中央と一致しない場合には、助走路の中心線の延長の両側が同じ幅とし、上記の規定の幅となるように状況に応じ砂場の片側または両側にテープを貼らなければならない。 （競技規則TR29.6）

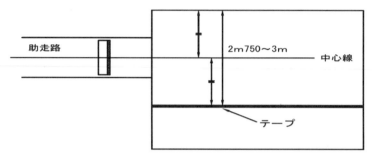

⑦ 第1種・第2種公認競技場における施設数と全天候舗装材の厚さについて

・走幅跳、三段跳の助走路ならびに砂場は、メインスタンド側、バックスタンド側（インフィールドでもよい）に、6ヶ所以上設置する。助走路の厚みは15mm以上とする。

・芝生エリアを多目的フィールドと併用するときは、施工に工夫を要する。助走路の厚みは15mm以上とする。 （第1種・第2種公認仕様-5）

・全天候舗装に直接踏切る部分の厚さは18mm以上とする。
摩耗度や競技者の保護の観点から、踏切板の後方8mの地点までの厚さを18mm以上とする。 （公認細則第8条-3）

2）走高跳施設の寸法および規格

① 助走路の長さと幅

走高跳の助走路の大きさは、次のとおり

	助　走　路	
	長　さ（m）	幅（m）
第1・2種	半円部分は全天候舗装とし、A・Bゾーンのいずれかを25m以上	16m以上
第3・4種	計測基準台に向かって15m以上	16m以上

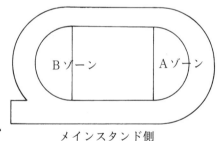

メインスタンド側

・第1・2種においては、施設数が2あるゾーンにおいて、2面同時に競技できるようにする。

・扇形の助走路は、改修時に解消すること。 （公認細則第14条-7、8）

② 助走路の許容傾斜度

・［国際］支柱間の中間点を中心とし、必要最低限の半径を満たした半円部内での助走路と踏切地点の最後の15mの最大許容傾斜度は、下方に167分の1（0.6%）を超えてはならない。着地場所は競技者の助走が登り勾配となるように設置するべきである。
［国内］最大許容傾斜度は、下方に250分の1（0.4%）を超えてはならない。 （競技規則TR27.3、TR27.4）

③ レ　ベ　ル

・走高跳助走路は計測基準台、支柱台、踏切場所と同一レベルとする。 （公認細則第14条注6）
［国際］踏切場所は水平、あるいは、どの傾斜もTR27.4およびWA陸上競技施設マニュアルの条件と一致していなければならない。 （競技規則TR27.5）

④　サーフェスの材質、規格
　・助走路の厚さは15mm以上とする。　　　　　　　　　　　　　　　（公認細則第8条－3）
　・計測基準台を中心に幅14m、長さ8mの部分の助走路厚さは18mm以上とする。
　　　　　　　　　　　　　　　　　　　　　　　　　　　　　　　　　（公認細則第8条－3）
　・その他は、「⑵　トラック競技のための施設の7」の「サーフェスの材質、規格」に準ずる。
⑤　走高跳支柱台および計測基準台
　・支柱台は、少なくとも径800mmとする。ただし全天候舗装面に設置するときには、径80mm～150mmとする。
　・計測基準台の大きさは、40mm×150mmとする。　　　　　　　　（公認細則第8条－5）
　・支柱台および計測基準台は、全天候舗装面にマーキングするか、深さ300mm以上の石造りまたは、コンクリート、その他硬質のものでつくり、下部は基礎地盤に固着する。
　　　　　　　　　　　　　　　　　　　　　　　　　　　　　（公認細則第14条－3、4、5）

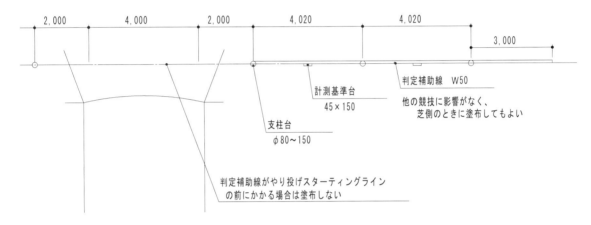

⑥　着地場所
　・着地場所はマットにする。（大きさは、横6m以上、奥行3m以上、高さ0.7m以上）
　　　　　　　　　　　　　　　　　　　　　　　　　　　　　　　（公認細則第14条－2）
　〔注意〕支柱と着地場所との間隔は、競技者の落下時、着地場所が動いて支柱に接触しバーが落ちるのを避けるため、少なくとも100mmはあけるようにする。　（競技規則TR27.10）

走高跳用マット

本体部　　　　　　　　　　　　　　　上面マット

3,000

2,000　2,000　2,000

3,000

6,000

（単位：mm）

3）棒高跳施設の寸法および規格

① 助走路の長さと幅と施設数（公認細則第15条）

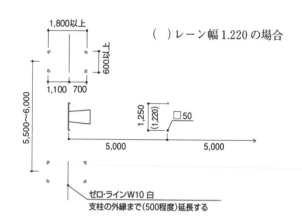

（　）レーン幅1.220の場合

	助　走　路		
	施設数	長さ（m）	幅（m）
第1種	6以上	45以上	1.22
第2種	4以上		
第3種	1以上	40以上	1.22
第4種	1以上	40以上	1.22/1.25

・助走路の最短距離はゼロラインから40mとし、事情が許せば45mとする。助走路の幅は最大1 m220（±10mm）とし両側に幅50mmの白線を引かなければならない。

〔注意〕2004年1月1日以前に建造された競技場において助走路の幅は最大1 m250でよい。但し、こうした助走路を全面改修する場合には、この規則に完全に適合させなければならない。

〔国内〕助走路の幅は1 m220とする。なお、助走路の幅が1 m250で公認を継続している競技場については、公認満了が2021年4月1日以降の検定から1 m220の基準を適用する。

（競技規則TR28.6）

・棒高跳の助走路ならびにボックスはAゾーン、Bゾーンのいずれかに2カ所または4カ所、アウトフィールドのバックスタンド側に2カ所または4カ所の合計6カ所以上設置する。

（第1種公認仕様-6）

・棒高跳の助走路ならびにボックスは4カ所以上設置する。　（第2種公認仕様-6）

② 助走路の許容傾斜度

・〔国内〕踏切場所の条件は第1種・第2種公認陸上競技場の基本仕様および長距離競争路ならびに競歩路規定、陸上競技場公認に関する細則による。

・〔国際〕助走路の最大許容傾斜度は、WAが例外を認めるに足る特別な状況がある場合を除き、幅で100分の1（1％）にすべきであり、助走の方向で最後の40mの下方傾斜度は1,000分の1（0.1％）を超えてはならない。

（競技規則TR28.7）

・助走路の横断面は山型が望ましい。　（公認細則第15条-2）

③ レ　ベ　ル

・ボックスの上縁、支柱台、踏切場所は、同一レベルとする。　（公認細則第15条-7）

④ サーフェスの材質、規格

・助走路の厚さは15mm以上とする。

・ボックス後方8mの部分の厚さは18mm以上とする。　（公認細則第8条-3）

⑤ 支　柱　台

・バー止の間隔が許容される範囲内で移動可能となるように定め（TR28参照）別に示した規格によりボックス先端のストップボード内側上縁から着地場所に向かって800mmまで移動ができるように設備する。

・支柱台は、支柱の台座の大きさに応じて幅が600mm以上、長さが1 m800以上のコンクリート造りあるいはマーキングとする。

・支柱台の全長1 m800のうち1 m100は、着地場所の側に設置する。このとき支柱がレールの上で移動できる装置にしてもよい。　（公認細則第15条注4，注5）

⑥　ボックス

- ボックス－棒高跳の踏切は、ボックスを使って行われる。ボックスは上部の隅が丸められるか柔らかい適切な材質でつくり、助走路と同じ高さに埋める。ボックスの底面の内側は長さ1m、前端の幅600㎜とし、ストップボードの基部で150㎜になるように徐々に幅が狭くなる。ボックスの助走路面上の長さとその深さは、ボックスの底面とストップボードのなす角度が105度となるように決める。（寸法と角度の誤差許容度：±10㎜、－0°／＋1°）

ボックスの底は、前端の助走路と同じ高さから、底がストップボードと出あう頂点の部分（地面から200㎜の深さになる）までなだらかに傾斜する。ボックスの側板は、ストップボードにもっとも近いところでほぼ120度をなすよう、外側に傾斜しなければならない。
（競技規則TR28.8）

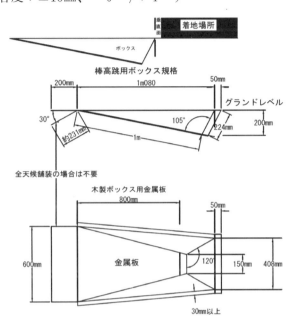

- ボックスは、取り外しができるようにする。このとき競技規則に規定されているボックス前面の200㎜の30度の折曲げ部分は、不要とする。
（公認細則第15条注6）

⑦　着地場所

- 着地場所はマットとする。ただし、第1種では、奥行8.0mを推奨する。
（公認細則第15条注3）

- ［国内］着地場所は（前面部分を除き）少なくとも幅5m×奥行き5m以上とする。ボックスに最も近い側の着地場所は、ボックスから100㎜～150㎜離し、約45度の傾斜をつける。（図参照）

- ［国際］国際競技会定義1.1～1.3、1.5、1.6に該当する競技会では、着地場所は、正面の張り出し部分を除いて、幅6m、奥行6m、高さ0.8mより小さくてはならない。正面の張り出し部分の長さは、最短2mとする。
（競技規則TR28.12）

- マットの規格

		マット	
	幅（m）	奥行（m）	高さ（m）
第1・2種	6以上	7.3以上	0.8以上
第3・4種	5以上	6.3以上	0.8以上

（公認細則第15条）

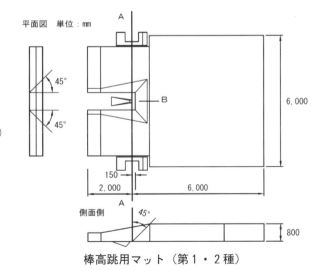

棒高跳用マット（第1・2種）

（競技規則TR28）

(5) 投てき競技のための競技施設

1）砲丸投、円盤投、ハンマー投施設共通事項

a．投てきサークル

【材　質】サークルの縁枠は、鉄、スチールあるいは他の適当な材質でつくり、その上部は外側の
地面と同じ高さにする。

【レベル】サークルの縁枠の厚さは少なくとも6mmとし白色とする。サークル周囲の地盤は、コン
クリート、合成材質　アスファルト、木材または他の適切な材質とする。

サークルの中はコンクリート、アスファルトまたは他の堅固で滑りにくい材質でつくる。
この内部の表面は水平で、サークルの縁枠の上部より20mm（±6mm）低くする。

　［国内］サークルの縁枠の上部より20mm（±3mm）低くする。

　　　　　　砲丸投げでは、この仕様に見合う移動式サークルを使用してもよい。

（競技規則TR32.6）

【寸　法】サークルの内側の直径は、砲丸投とハンマー投で2m135（±5mm）、円盤投で2m500
（±5mm）とする。

ハンマーは円形のリングを置くことによってサークルの直径を2m500から2m135にせ
ばめられれば円盤投のサークルから投げてもよい。　　　（競技規則第187条－7）

〔注意〕円形のリングはTR32.8によって求められている白線がはっきり見えるように白以外の色
であることが望ましい。

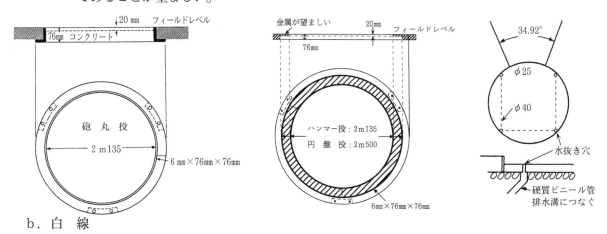

b．白　線

・幅50mmの白線を、サークルの両側に少なくとも750mmの長さに引く。その線は塗装するか、あ
るいは木材またはその他の適当な材質でつくる。白線の後縁は着地場所の中心線に対して直角
でサークルの中心を通る直線上にあるようにしなければならない。　　　（競技規則TR32.8）

円盤投サークル　　　　　　　　　　　　　　ハンマー投サークル

c．着地場所

  ・着地場所は、痕跡が残るシンダーや芝生または他の適当な素材でつくらなければならない。

（競技規則TR32.10）

  ・着地場所の最大許容下方傾斜度は投げる方向で1,000分の1とする。　　（競技規則TR32.11）

  ・やり投を除いて、着地場所の範囲は、サークルの中心で交わる34.92度の角度をなす幅50㎜の
  白線の内側の縁で示す。　　　　　　　　　　　　　　　　　　　　　　　（競技規則TR32.12）

（以下投てき種目共通）

  ・投てき用芝生は、多目的競技場の仕様を意図して延長最大106m×73mとする。

  ただし、以下に定める条件に適合する競技場のみ、延長最大107m×73mまで認める。延長を
  認める競技場の数は全国47カ所以内とし、検定時に以下の条件を充たすことを要する。

  【条件】

    ①　多目的使用として認める第1種公認陸上競技場。

    ②　全投てき種目における決勝の実施が可能であること。　　　　（第1種公認仕様－7）

  ・投てき用芝生は、投てき距離が十分であるようスペースを確保する。多目的競技場の仕様を意
  図するときは、延長最大106m×73mとする。　　　　　　　　　　　　（第2種公認仕様－7）

2）砲丸投施設の寸法および規格

  砲丸投の施設はつぎのとおり

| | | 施設数 | サークル | | | サークル内の材質 | 投てき角度 | 計測基準点 |
			材質	厚さ×幅（㎜）	内側の直径（m）			
砲丸	第1種	2以上	帯状の鉄又は鋼又は他の適当な材質	6×70以上	2.135	コンクリート、アスファルト又は他の堅固で滑りにくい材質	34.92度	サークル内の中心に鋲を埋める
	第2種	1以上						
	第3・4種	1以上						

（公認細則第17条）

a．施設数

  ・第1種の砲丸投は、芝生に投てきするサークルを2カ所以上設置する。その他Aゾーンまたは
  Bゾーンのいずれかに扇形の投てきエリアをつくることができる。第2種は、Aゾーンまたは
  Bゾーンのいずれかに扇形の投てきエリアを設置する。その他、芝生に投てきするサークルを
  1カ所以上つくることができる。　　　　　　　　　　　　　　　　　（公認細則第17条注1）

b．足留材

  ・構造－足留材は白く塗装し木または他の適当な材質でつくったもので、形は内側の縁がサーク
  ルの内側の縁と合致するような円弧であり、サークルの表面に対して垂直となるようにする。
  扇形の区画線の中央に位置し、地面もしくはサークル周囲のコンクリートにしっかり固定でき
  るようにつくらなければならない。　　　　　　　　　　　　　　　　　（競技規則TR33.2）

  ・寸法－足留材は幅112㎜～300㎜、サークルと同じ半径の弧の弦の長さは1m210（±10㎜）、サー
  クルの内側の表面に隣接している足留材の高さを100㎜（±8㎜）とする。

（競技規則TR33.3）

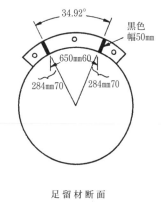
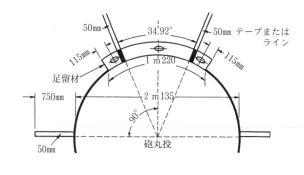

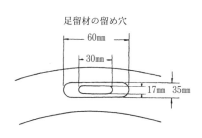

または下図のような仕様でもよい。

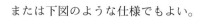

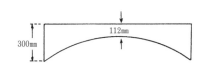
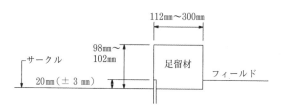

3）円盤投、ハンマー投施設の寸法および規格

円盤投、ハンマー投の施設はつぎのとおり

		施設数	サークル			サークル内の材質	投てき角度	計測基準点
			材質	厚さ×幅（mm）	内側の直径（m）			
円盤	第1・2種	2	帯状の鉄又は鋼又は他の適当な材質	6×70以上	2.500	コンクリート、アスファルト又は他の堅固で滑りにくい材質	34.92度	サークル内の中心に鋲を埋める
	第3・4種	1以上						
ハンマー	第1・2種	2		6×70以上	2.135			
	第3・4種	1以上						

サークルの詳細は1）を参照　　　　　　　　　　　　　　　　　　　　　　（公認細則第17条）

a．施設数

・円盤投とハンマー投の設備はそれぞれ併用しても差し支えない。　　　　（公認細則第17条注2）

・ハンマー投、円盤投のサークルは兼用型でもよいが、2カ所設置する。砲丸投のサークルと兼ねてはならない。　　　　　　　　　　　　　　　　　　　　　（第1種・第2種公認仕様-9）

・第4種の円盤投、ハンマー投の施設について第19条に該当するときは、欠くことができる。

（公認細則第19条(5)）

・第4種陸上競技場に限り、人工芝（手続きに適合した投てき可能な人工芝を除く）のインフィールドまたは300m以下のトラックでは、円盤投、ハンマー投、やり投の施設が十分でなく競技運営に危険が伴うなどやむを得ない理由により設置できないと本連盟が認めた場合に限り、施

設を欠くことができる。 （公認細則第19条）

4）円盤投・ハンマー投囲いの寸法および規格

① 適　用
・円盤投げ（およびハンマー投げ）は、観衆、役員、競技者の安全を確保するために囲いの中から投げる。本条で明記された囲いは、この種目が競技場の外で観客と一緒になって実施される時に、あるいはこの種目が競技場の中で他の種目と同時に実施される時に使用することを目的としている。この条件が当てはまらない時、特に練習場においては、もっと簡単な構造でも構わない。本連盟もしくはWAから指導があった場合にはそれに従う。

（競技規則TR35・TR37. 1）

〔注意〕TR37で定めるハンマー投用の囲いは円盤投にも使用してもよい。その場合2 m135と2 m500の同心円のサークルか、ハンマー投用サークルの前方に円盤用サークルを別個に設置し、囲いの門口を拡張して使用してもよい。

〔国内〕本連盟ではハンマー投の囲いを兼用型にしてある。 （競技規則TR35. 1）

〔国内〕本連盟では円盤投の囲いと兼用型を導入しているので、移動（キャスター付）できるものを設備する。 （競技規則TR37. 6）

・複数の円盤投およびハンマー投の施設がある場合においても、移動式の円盤投、ハンマー投兼用囲いを使用するときの囲いの数は、すべての円盤投およびハンマー投の施設について囲いが使用可能であることを条件として、1以上とする。 （公認細則第17条注5）

② 規　格
・囲いは、重量2 kgの円盤が秒速25mの速度で、重量7.26kgのハンマーが秒速32mの速度で動く力を防止できるように設計し、製作し保守管理されなければならない。この仕様は、円盤あるいはハンマーを制止するために囲いの鋼材に当たり競技者の方にはね返ったり、囲いの上部から外側に飛び出したりしないようにする。本条の必要事項を満たせば、囲いの形状や構造はどのようにしてもよい。 （競技規則TR35. 2・TR37. 2）

③ 寸　法
・囲いの形状は図示してあるようにU字型とする。U字型の門口は6 mとし、投てきサークルの中心から7 m前方の位置とする。開口部の幅6 mは囲いのネットの内側で計らなければならない。

【円盤投】パネルあるいは掛け網のもっとも低い部分の高さは4 m以上とし、囲いの両側ともに開口部から3 mの地点では高さ6 m以上とする。

〔国内〕U字型の門口は6 mとし、投てきサークルの中心から5 m前方の位置とする。

（競技規則TR35. 3）

【ハンマー投】パネルあるいは掛け網のもっとも低い部分の高さは、囲いの後部のパネルか掛け網部分は7 m以上、ピボット点につながる最前部の2 m800の部分は10m以上とする。

〔国内〕囲いの形状は図示してあるようにU字型とする。U字型の門口は6 mとし、投てき用のサークルの中心から4 m200前方の位置とする。パネルあるいは掛け網のもっとも低い部分の高さは、囲いの後部のパネルか掛け網部分は7 m以上、ピボット点につながる最前部の2 mの部分は9 m以上とする。

・円盤あるいはハンマーが囲いの継手個所や、パネルあるいは掛け網の下部を突き抜けるのを防止するような囲いの形状や構造を工夫しなければならない。 （競技規則TR37. 3）

- 2枚の幅2mの可動パネルを囲いの前方に取りつけ、試技の際にどちらか1枚を動かす。パネルの高さは10m以上とする。

  ［国内］パネルの高さは9m以上とする。 （競技規則TR37. 4）

- ハンマー投の囲いのパネルの高さは9m、7mとする。円盤投の囲いは従来通りであるが、ハンマー投の囲いで兼ねることができる。 （第1種・第2種公認仕様－10）

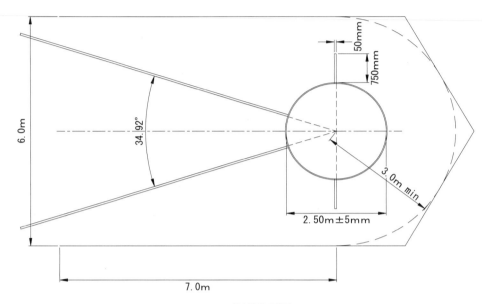

ハンマー投げ専用囲い

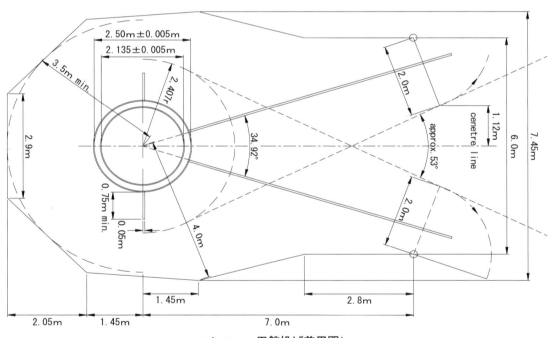

ハンマー・円盤投げ兼用囲い

④ 材 質

- 囲いの網目は、適切な天然または合成繊維でつくられた紐、または柔軟で伸張力のある鋼製ワイヤーとする。網目の大きさは鋼製ワイヤーの場合は50㎜、紐でつくられた場合は44㎜とする。

  ［国内］網目と安全検査手順の詳細はWA陸上競技施設マニュアルに定められている。

 （競技規則TR35. 4・TR37. 5）

5）やり投げ施設の寸法および規格

やり投の施設は、つぎのとおり

| | 施設数 | 助　走　路 | | 投てき角度 | スターティングライン
ならびに計測求心点 |
		長さ（m）	幅（m）		
第1・2種	2	33.5以上 36.5以上が 望ましい	4	約28.96度	スターティングラインは規定された規格を正確に設置する。スターティングラインの円弧計測の中心点に標識を設ける。
第3・4種	1以上	30以上	4		

（公認細則第18条）

① 助　走　路

- 助走路がトラックの縁石を越える場合は、縁石の取りはずしができるようにする。
- 助走路の末端では、やりの末尾が壁等へ触れないようにする。　　　　（公認細則第18条-1,2）
- やり投の助走路の末端は、やりが構造物と接触しないようにする。助走路の厚さは15mm以上とする。全天候舗装に直接踏切る部分の厚さは18mm以上とする。半円より外側の助走路の厚さは13mm以上でもよい。　　　　　　　　　　　　　　　　　　（第1種・第2種公認仕様-11）
- やり投の助走路の長さは最短30mとする。ただし、国際競技会定義1.1～1.3、1.5、1.6に該当する競技会においては、最短33m500とする。条件が許せば36m500以上であることが望ましい。助走路は幅50mmのラインで、間隔4mの平行線で示される。投てきは半径8mのスターティング・ラインの後方から行う。このスターティング・ラインは少なくとも幅70mmで、じかに塗装した白線または白く塗られた木板あるいはプラスティックのような耐腐食性の適切な物質でグランドと同じ高さにつくる。スターティング・ラインの両側から助走路を示す2つの平行線に直角にそれぞれラインを引く。この2つのラインは、いずれも少なくとも幅70mm、長さ750mmとする。

　　　［国際］助走路の最大許容傾斜度は幅で100分の1とすべきで、助走路の20m地点から助走の方向への下方傾斜度は1,000分の1（0.1%）以下でなければならない。

　　　［国内］スターティング・ラインの材質は金属板でもよい。　　　　（競技規則TR32. 9）

② スターティング・ライン

- スターティングラインの円弧は、助走路の幅に半径8.0m、円弧の両端に長さ750mm、幅70mmで白色とする。
- スターティングラインから4m後方の助走路外側に白色の長さ50mm、幅50mmのマーキングをする。
- スターティングラインおよび前面のフィールドの地表は、同一レベルとする。

（公認細則第18条注3、注4、注5）

③ 着地場所

- 着地場所は、痕跡が残るシンダーや芝生または他の適当な素材でつくらなければならない。

（競技規則TR32.10）

- 着地場所の最大許容下方傾斜度は投げる方向で1,000分の1とする。　　（競技規則TR32.11）
- やり投の着地場所の範囲は、幅50mmの白線で角度を示し、その白線の内側の縁を延長すると円弧と平行する助走路を示す白線が交差する2つのポイントを通過し、円弧の中心で交わるようになる。着地場所の範囲の角度は、28.96度とする。　　　　　　　　（競技規則TR32.12）

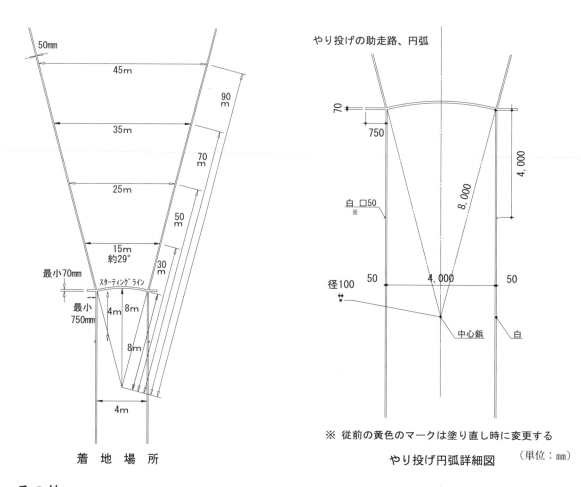

着　地　場　所

やり投げ円弧詳細図　　（単位：㎜）

※　従前の黄色のマークは塗り直し時に変更する

(6)　その他

1）日本陸連の公認申請の手続きについて

　　公認申請の手続きは、所定の申請用紙に必要事項を記入の上、申請者（所有者）ならびにその所在地の都道府県陸上協会長両者の添印のもと、日本陸上競技連盟（以下、日本陸連）の施設用器具委員会に提出することになるが、詳細については、公認陸上競技場および長距離競走路ならびに競歩路規程第7条～第13条に記されているので参照されたい。

　　なお、申請にあたっては、少なくとも3か月程度の余裕を必要とされている。

①　第1種・第2種の新設の場合の添付書類

　A）認定申請書（A4）　様式1あるいは様式2

　B）周囲の施設配置図（電気系統・スタンド図）

　C）設計図（競技場平面図）

　※　WA（世界陸連）の認証を受ける競技場の申請については、別の手続きが必要なので事前に日本陸連との協議を必要とする。

②　継続の場合と第3種・第4種の申請

　　上記のA）、C）を添付すること。

以下、日本陸連公式Webページからの公認の流れと注意事項の抜粋

　　申請者は2～3ヶ月前に認定申請書（様式1,様式2）（以下「申請書」とする。）を提出してください。

　　設計図または案内図等を添付してください。

長距離競走路・競歩路では、コースの所在を示す5,000分の1〜30,000分の1の地図に競走（歩）路の経路、主要地点の距離を朱書したものとしてください。

　　コースを一部変更する場合は、変更する経路を明記してください。

　　申請するには、所在の加盟団体の了承（都道府県陸協会長の印）を得てください。

　　長距離競走路・競歩路は、加盟団体が公認大会の開催の確認をしたうえで了承をします。

　　申請書を日本陸連が受理します。

　　施設用器具委員会で処理をし、派遣する検定員（区域技術役員、自転車計測員）を決定します。

　　決定した内容を申請者、加盟団体理事長、検定員（区域技術役員や自転車計測員）に通知します。

　　申請者と検定員（区域技術役員、自転車計測員）で直接打ち合せを行い、日程、必要な人員、必要な用具等の打ち合せをし、申請者は打ち合わせ内容に応じた準備をします。検定の実施には派遣された検定員（区域技術役員、自転車計測員）だけでは作業ができませんので、人員が必要となります。

　　検定を行い、所見、指摘があれば検定員（区域技術役員、自転車計測員）が説明を行います。

　　検定報告書、派遣費用確認書は検定員（区域技術役員、自転車計測員）より日本陸連に提出します。

　　検定の合格あるいは保留の判断は、施設用器具委員会で報告書の内容を審査の上決定し、専務理事の承認を得る。

　　合格または保留の通知を検定員（区域技術役員、自転車計測員）にします。

　　承認後、陸連より申請者へ合格通知および公認料、派遣費用の請求書を送付します。

　　申請者は日本陸連へ公認料（税込）、派遣費用を振り込みます。

　　陸連で入金確認後、公認証を発送します。

　　公認証の発送は、日本陸連へ送金されてから、おおむね一ヶ月以内の日数がかかります。

　　派遣費用は、日本陸連から派遣された検定員（区域技術役員、自転車計測員）に振り込みます。

申請書などの注意事項

　　施設用器具委員会の開催日程を確認し、開催日前までに提出してください。

　　必ず所在の加盟団体の了承（都道府県陸協会長の印）を得てから提出してください。

2）指導願いについて

　　新しい施設の計画、既存施設の改修・工事前の図面指導、工事中の現場での指導などで、日本陸上連盟に指導を願い出る際の手続きは、申請書に必要事項を記入し添付書類等整えた上申請者（指導を願い出るもの：設計者・施工者でも可）の添印のもと、直接日本陸上連盟の施設用器具委員会に提出する。

指導願い添付書類

ａ．指導願い申請書（Ａ４）　　様式3

ｂ．指導を受ける内容に応じた図面（施設平面図・電気系統・スタンド図）

※　必ず所属都道府県陸上協会長の押印があること。

　　公認および指導根いがに関しての申請に関する事項は、日本陸上連盟公式Webページ上の「日本陸連について」→「施設用器具委員会」を参照してください。

　　各種申請書および申請手順、注意事項等の記載があります。

3）WA（世界陸連）の認証競技場と認証取得について

　　WA規則260条の規則により、世界記録が公認されるのは、WA認証を得た競技場のみであり、アジア選手権をはじめ規則第1条1項に示された国際大会の開催も、WAの認証を受けた競技場であることが必要となる。

　　WA（世界陸連）の認証競技場は、クラス1、クラス2の二つのカテゴリーに分かれており、認証取得にはそれぞれ次にような条件が必要となる。

　a．クラス1の認証取得について

　　　クラス1の認証は、次の2つのことが必要となる

　①　WAが認証した全天候舗装材が使用されていること

　②　WAの公認検査機関による全天候舗装材の実地試験と競技施設の実測がなされていること

実地試験の項目

・瑕疵（気泡、亀裂剥離などの不具合を目視で確認）

・平坦性（4m定規で測定し6mm以下、1m定規で測定し3mm以下を確認）

・厚さ（認証材の厚みの10%以下の面積が10%を超えないこと）

・衝撃吸収（表面温度10℃〜40℃、35%〜50%の範囲）

・垂直変位（表面温度10℃〜40℃、0.6mm〜2.5mmの範囲）

・摩擦（TRRL測定値湿潤状態で47以上）

・引張強さ（非透水型0.5MPa以上、透水型0.4MPa以上）

　　測定頻度および測定方法などは、WAの発行する『CERTIFICATION SYSTEM Track and Runway Syuthetic Surface Testing Spesification』に記されている。

競技施設の実測

・競技場の実測は、競技施設の寸法、トラック競技、フィールド競技に関するルールに従っての規定の寸法、距離等を計測する

・測定頻度および測定方法等は、WAの発行する関連の競技規則および『Measurment Report-Outdoor』を参照

　b．クラス2の認証取得について

　　　クラス2の認証は、次の2つのことが必要となる

　①　WAが認証した全天候舗装材が使用されていること

　②　日本陸連による競技施設の実測がなされていること

トラックおよびフィールドの認証規則に従って

　　競技場の実測と施工された表層材がWA認証材であることの証明が必要である。

　　競技場の実測は、クラス1と同様に計測される。

その他

・申請には認証料が必要となり、クラス1、クラス2、新規申請と継続申請でそれぞれ異なる。

・クラス1、クラス2の申請は、どちらも日本陸連を通して行われる。

・WAの認証取得に関しては、WAの発行する『CERTIFICATION SYSTEM PROCEDURES』を参照のこと。

・WA Webページ

https://www.worldathletics.org/about-iaaf/documents/technical-information

4）参考文献

『陸上競技ルールブック2021年度版』　　（公財）日本陸上競技連盟　発行

2. テニス（硬式テニス）

(1) テニスコートの寸法および規格

1）テニスコートの寸法

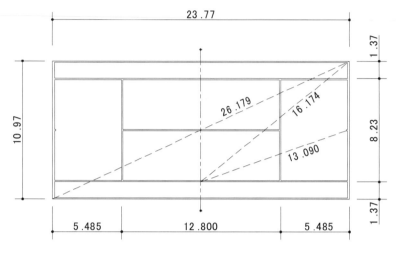

シングルスコート
　　縦 23.77m × 横 8.23m
ダブルスコート
　　縦 23.77m × 横 10.97m

寸法はすべてラインの外側から測る

（単位：m）

2）コート周辺のスペース

　公式試合の場合、コート周辺のスペースはベースラインから後方に6.40m以上、サイドラインから横に3.66m（コート間も同様に3.66m）以上とする。

　国際試合や国体などの主要な公式試合などでラインアンパイアを配置する場合、ベースラインから後方に8.00m以上、サイドラインから横に5.00m以上、コート間隔は5.00m以上のスペースを設けることを勧めるとされている。

注(1)　デ杯戦、フェドカップ戦、および国際テニス連盟公式選手権大会では、上記大会がそれぞれ独自に定める規則に基づいて決められる。

注(2)　レクリエーション主体の施設や学校等のコートについては、ベースラインのうしろに5.48m以上、サイドラインの横は3.05m以上の広さが望ましい。（ITF推奨の最小寸法）

3）テニスコートの方位

　特に規定はないが、テニスコートの方位は、屋外コートの場合、太陽光線を考慮して南北方向を基準に長軸を取り、若干北西～南東に振るように計画することが最も良いとされている。

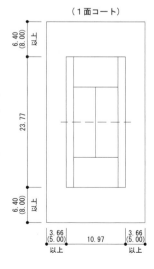

（1面コート）

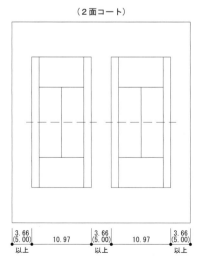

（2面コート）

（単位：m）

4）テニスコートの勾配

コートは水平であることを要する。やむなく排水勾配をとる場合には、排水の効果を考慮した最低限度の方勾配にすることが望ましい。

勾配は0.3%〜0.5%程度を基準として、次のようにする。

　　1）一方のサイドラインから他方のサイドラインへ（横方向）

　　2）一方のベースラインから他方のベースラインへ（縦方向）

　　3）一つのコーナーから対角のコーナーへ（斜め方向）

ネットの線を中心に両ベースラインに向かって勾配をとることは、ネットの高さが実際より高くなったり低くなったりするので、このような勾配のとりかたはしない。

5）ラ　イ　ン

テニスコートのサービスセンターラインおよびセンターマークをのぞくラインの幅は、2.5cm以上5cm以下とし、ベースラインのみは、その幅を最大10cmまで太くしてもよい。

サービスセンターラインの幅は5cmとする。

コートの寸法はすべてラインの外側までのもので、ラインの色はすべて同じで、コートサーフェスの色とはっきり違ったものとする。

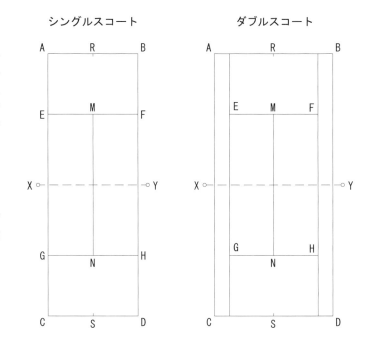

各ラインの名称、位置、長さ

ライン名称	上図における ラインの位置	長　　　さ
サ イ ド ラ イ ン	AC・BD	23.77m（78フィート）
ベ ー ス ラ イ ン	AB・CD	10.97m（36フィート）8.23m（27フィート）
サービスサイドライン	EG・FH	12.80m（42フィート）
サ ー ビ ス ラ イ ン	EF・GH	8.23m　（27フィート）
サービスセンターライン	MN	12.80m（42フィート）
セ ン タ ー マ ー ク	S，R	ベースラインの内側のはしから内側へ10cm

センターマークは、ベースラインから内側へ長さ10cm、幅5cmで、ベースラインと直角に設ける。

また、センターマークとベースラインの寸法のとり方の基準は右図に示すように、センターマークの外側はベースラインの内側に接する。

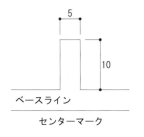

（単位：cm）

（参考）10歳以下テニス大会のコート（Rules of Tennis日本語訳　付則Ⅶ）

　　10歳以下の大会では、フルサイズコートに加えて次の大きさのコートを使用してもよいとされている。

種　　別	長　さ	横　幅	ネット中央の高さ
レッドコート	10.97〜12.80	4.27〜6.10	0.800〜0.838
オレンジコート	17.68〜18.29	6.10〜8.23	0.800〜0.914

6）国内ルール・国際ルールの違い

　　国際ルールは「国際テニスルール」（国際テニス連盟発行）の規定に従うことになっており、施設に関しては「テニスコートの大きさ」と「付帯施設」についての規定が示されているが、国内ルールは、国際テニスルールの内容を受けたルールブック「テニスルールブック」（公益財団法人　日本テニス協会発行）の規定にしたがっているので、両者に違いはみられない。

(2)　サーフェスの材質

　テニスコートの材質の選定および性能に関しての特別な規定はない。

　サーフェスは大別すると「クレー系」「全天候型」に分かれ、多くの種類がある。

　国際テニス連盟（ITF）では、試験方法を定めて「コートサーフェスの速さ」を評価しており、カテゴリー1（低速）からカテゴリー5（高速）に分類され、それぞれのコートでのプレーに適したボールのタイプも示している。

(3)　競 技 施 設

1）ネットポスト

　　一般的に用いられているのは固定式と抜差式で、材質は金属製のものが多い。ポストの太さは、一辺の長さ又は直径が15cm以下の角パイプ又は丸パイプとし、ポストの中心はサイドラインの外側から0.914m（3フィート）の位置に設置する。ポストの高さは、ネットを吊るワイヤーの上端がコートの面から1.07mとし、ポストの最上端はワイヤーの上端より2.5cm以上高くしてはならない。

2）テニスネット

　　ネットの長さはシングルスの場合9.91m、ダブルスの場合12.65mとする。ネットの下端は全長にわたり地面に接し、両ポストに上下いっぱいに密着して張り詰めなければならない。網目はボールが通り抜けない網目とし、強力な打球の衝撃に耐えられねばならない。ネットを張るコードは直径8mm以下のワイヤロープで、ネットの上部で両側とも均等に5cm以上6.35cm以下の幅の白色のバンドで覆われなければならない。

　　テニスネットの高さは両端（ポスト部分）でコート面から1.07m、中央部で0.914m（3フィート）とする。

３）センターストラップおよび埋め金具（センターガイド）

　センターストラップはネットの高さを中央部で0.914m（３フィート）に調整するために取り付けられる幅５cm以下の白色の帯で、センターストラップを固定させるためにコートの中央部に埋め込むフック付き金具をセンターガイドという。

　センターガイドの構造等の規定はない。

テニスネット・ポスト・センターストラップ例

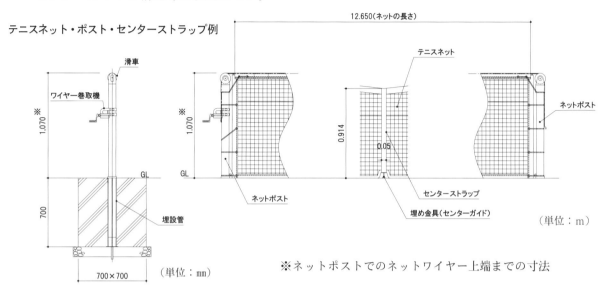

※ネットポストでのネットワイヤー上端までの寸法

４）シングルス・スティック（シングルポール）

　ダブルス・シングルス共用コートでダブルス用ネットを張ってシングルスゲームを行う場合、一辺の長さ又は直径が7.5cm以下の太さの「シングルス・スティック」と呼ばれる２本のポストでネットの高さを1.07mの高さに支える。

　シングルス・スティックの中心はシングルス・サイドラインの外側0.914m（３フィート）とし、色は白色または濃いグリーンとする。シングルス・スティックの高さは、コード上端より2.5cm以上高くならない。

（シングルススティック位置）

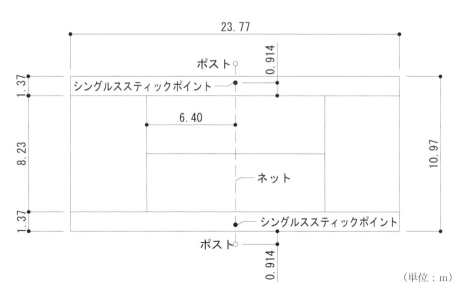

（単位：m）

5）審　判　台

審判台の高さは、地面から座席まで182cm〜244cmとする。

6）スコアボード

特に規定はない。

7）コートベンチ

特に規定はない。

8）室内コートの高さ

天井の高さは、ネットの真上で9.14m以上（デ杯ワールドグループでは12m以上）、コート後方壁部で4.87m以上とされている。

9）照　明　設　備

JISに示されているテニスコートの照度基準を次の表に示す。

テニスコートの照明要件

運動競技区分	維持平均水平照度(Lx) 照明段階(推奨照度の範囲)	均斉度※	グレア 評価値	平均演色 評価数
Ⅰ	500（300〜750）	0.7 以上	50 以下	60 以上
Ⅱ	300（200〜500）	0.6 以上	50 以下	60 以上
Ⅲ	200（150〜300）	0.5 以上	55 以下	－

※　均斉度は、最小照度／平均照度を示す　　　　（JIS Z 9127-2011）

Ⅰ：観客のいる国際、国内、地域全体又は特定地域における最高水準の運動競技会、最高水準のトレーニング

Ⅱ：観客のいる地域全体又は特定地域における一般的な運動競技会、高水準のトレーニング

Ⅲ：観客のいない特定地域の運動競技会、学校体育又はレクリエーション活動、一般のトレーニング

（注）テニスルールブックでは、デ杯フェド杯ワールドグループは1200ルックス以上（コート面から1mの高さ）が推奨されている。

10）その他の付帯施設

その他の付帯施設としては次のようなものがある。

・排水施設　　　　　　　　　　　　　　　・練習ボード（壁打ち）

・給水施設（散水施設、飲用・手洗い用施設）　・観客席

・防球フェンス・遮光ネット　　　　　　　・その他

なお、コート周囲の防球フェンスは、「テニスコート建設マニュアル」（日本テニス協会編）には、標準高はバック側が4m、サイド側が3mで金網の場合は2mの目隠しシート類を設置するとあるが、道路に近いなどボールの場外飛出しで危険が予想される場合は、この限りではない。

また競技施設のバックストップは、観客の通行がプレーの妨げになる場合、バックストップを暗い色のネットなどで覆うなどの対策が必要となることと、広告や大会の横断幕をバックストップに設置する場合、白、黄色の使用は避けなければならないとされている。

⑷　そ　の　他

1 ）国民体育大会　競技施設基準

「第77回国民体育大会　競技施設基準」第77国民体育大会準備委員会

規定のコート：20面（2会場地に分かれる際は24面とする）

規定のコートは、（公財）日本テニス協会「国体テニス競技の施設基準に関する細則」による。

2 ）参考文献

『JTAテニスルールブック　2020』：（公財）日本テニス協会

『テニスコート建設マニュアル（改訂版)』：（公財）日本テニス協会

3．ソフトテニス

(1) テニスコートの寸法および規格

ソフトテニスコートはコート、アウトコート、ネット、ネットポストおよび審判台をもって構成する。

1）ダブルスコートの寸法

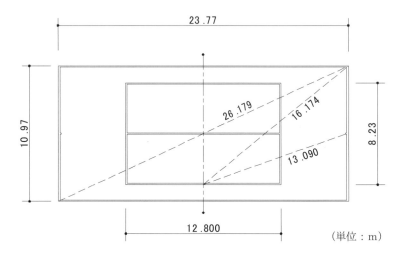

縦 23.77ｍ×横 10.97ｍ
　ライン寸法は、すべてラインの
外側から測る。

（単位：m）

2）シングルスコートの寸法

シングルスマッチのコートは、両方のサービスラインをベースラインまで延長したラインとベースラインで囲まれた、縦23.77ｍ×横8.23ｍの長方形とし、その中央をネットポストで支えられたネットで2分される。

3）テニスコート周辺のスペース

コート周辺の広さは、ベースラインから後方に8.00ｍ以上、サイドラインから横に6.00ｍ以上であることが原則とされている。

（コートが2面以上並ぶ場合は、隣接するコートにおいて接するサイドラインの間隔は5.00ｍ以上が原則。）

4）コートおよびアウトコート

コートおよびアウトコートは同一平面の平坦なスペースで、プレーに支障のないように整備されていなければならない。ただし、アウトドアにおいては排水を考慮し、プレーに支障のない程度の傾斜をつけることができる。

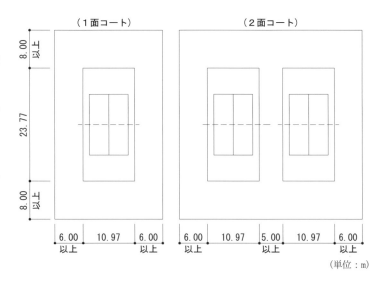

（単位：m）

5）テニスコートの方位

特に規定はないが、テニスコートの方位は、屋外コートの場合、太陽光線を考慮して南北方向を基準に長軸を取り、若干北西〜南東に振るように計画することが良いとされている。

6）コートラインの幅

コートのラインは原則として白色で、幅は 5 cm 以上 6 cm 以内とする。ただし、ベースラインの幅は 5 cm 以上 10cm 以内とする。

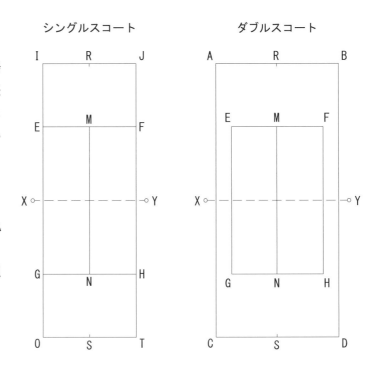

各ラインの名称、位置、長さ

ライン名称	上図におけるラインの位置	長さ
サイドライン	AC・BD	23.77m（78フィート）
ベースライン	AB・CD	10.97m（36フィート）
サービスサイドライン	EG・FH	12.80m（42フィート）
サービスライン	EF・GH	8.23m（27フィート）
サービスセンターライン	MN	12.80m（42フィート）
センターマーク	R・S	ベースライン内側からネット方向へ10cm

(2)　コートおよびアウトコートのサーフェス

コートおよびアウトコートのサーフェスは、アウトドアではクレー、砂入り人工芝又は全天候型ケミカル等とし、インドアでは木板、砂入り人工芝、硬質ラバー、ケミカル等とする。

(3)　競 技 施 設

1）ネットポスト

ネットポストは直径 7.5cm 以上 15cm 以内とする。

2）ネットポストの位置

①　ネットポストはサイドラインの中央部の外側に位置し、両サイドラインから同一の距離に垂直に固定させる。

②　両ネットポストの間隔はその外側において 12.80ｍ とし、その高さは 1.07ｍ とする。ただし設備等の状況によりやむを得ない場合は、ネットポストの高さを 1.06ｍ から 1.07ｍ までの範囲内とすることができる。

［競技規則による解説］
① ネット巻き器がネットポストの外側に付いている場合、ネット巻き器もネットポストの一部分とみなす。
② 移動式ネットポストで両側のネットポストを支える台又は支柱棒等、若しくはパイプがネットの下部にある場合は、そのパイプもネットポストの一部とみなす。但し、ネットポストを支える台又は支持棒等はネットポストとみなさない。

3）ネット
ネットの規格は次のとおり。
① 色は原則として黒色とする。
② 高さは1.07mとする。ただし、設備等の状況によりやむを得ない場合は、1.06mから1.07mまでの範囲内とすることができる。（ネットを張った時の高さは、サイドラインの上において1.06mから1.07mとし水平に張るものとする）
③ 長さは12.65mとする。
④ 網目は縦横とも3.5cm以内の四角形とする。
⑤ ワイヤーロープは長さ15m、直径4.5mmを標準とする。
⑥ 上端は両面において幅5cm以上6cm以内の白布で被う。
⑦ ネットの両端はネットポストに、下端はコートに接着させる。

4）審判台
審判台の座席の高さは1.50mを標準とし、ネットポストから0.60mの距離を置くものとする。

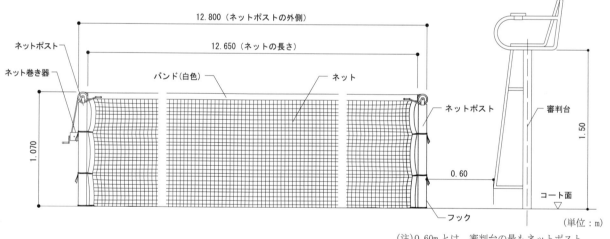

(注)0.60mとは、審判台の最もネットポストに近い部分から水平距離

5）その他の付帯施設
その他の付帯施設としては次のようなものがあるが、特別な規定はない。但し、国体等の競技開催については基準が記されているのでこれにならうようにする。
・排水施設
・給水施設（散水施設、飲用・手洗い用施設）
・防球フェンス・遮光ネット
・観客席
・その他

⑷　そ　の　他

1 ）国民体育大会　競技施設基準

「第77回国民体育大会　競技施設基準」第77回国民体育大会準備委員会

規定のコート：16面（2会場地に分かれてもよい）

規定のコートは、（公財）日本ソフトテニス連盟「競技規則」による。

2 ）参考文献

『ソフトテニスハンドブック　2019年版』：（公財）日本ソフトテニス連盟

4．野　　球

(1)　野球競技場の寸法および規格

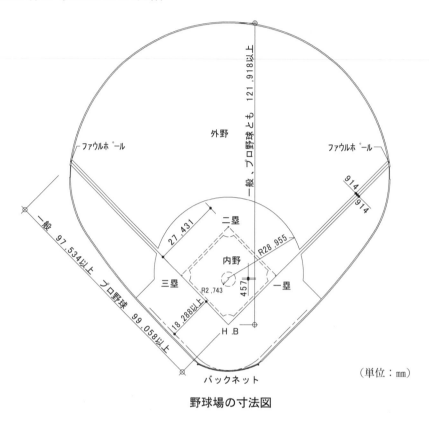

野球場の寸法図
（単位：mm）

1）内野の規格
①　内野の範囲

内野とは、本塁⇔1塁⇔2塁⇔3塁⇔本塁　を結んだ線で囲まれた正方形の区域を指す。

②　塁間の計測方法と距離

まず、本塁の位置を決め、その地点から2塁を設けたい方向（競技者および観衆に対し、太陽光線の直射の影響を最小限とするため、本塁から投手板を経て2塁に向かう線は東北に向かっていることを理想とする。）鋼鉄製巻尺で38.795m（127フィート3インチ3/8）の距離を測り2塁の位置を決める。次に本塁と2塁を基点にそれぞれ、27.431m（90フィート）を測りその交点を1塁・3塁と定める為、1塁から3塁までの距離は、本塁から2塁までの距離と同じとなる。

本塁から2塁、1塁から3塁　　　38.795m　　127フィート3インチ3/8
本塁⇔1塁⇔2塁⇔3塁⇔本塁　　27.431m　　90フィート

③　内野の勾配

キャンバスバック（塁ベース）と本塁、および塁間（1塁から2塁の間など）は同一平面上に設ける（同じ高さと判断する）。本塁より2塁に通じる線上で、本塁より18.440m（60フィート6インチ）の地点に投手板を置くが、投手板はホームプレートより25.4cm（10インチ）高く設置する。

投手板は61.0cm×15.2cm（24インチ×6インチ）の長方形で、投手板を含め平らな場所は、投手板の前方15.2cm（6インチ）、より1.829m（6フィート）の地点まで、30.48cm（1フィート）につき2.54cm（1インチ）ずつ下げなければならない。

2）外野の規格

① 一般的な外野の範囲

野球場における外野は、1塁線のファウルラインと3塁線のファウルラインの間（フェアーグラウンド）の地域を示す。本塁よりフェアーグラウンドにあるフェンス等プレイの妨げとなる施設までの距離は、最低でも 76.199m（250 フィート）以上必要とするが、両翼（本塁から1塁線・3塁線の延長でファウルポールまで）は、97.534m（320 フィート）以上、中堅（本塁から2塁線を経由しその延長線上で障害物まで）は、121.918m（400 フィート）以上であることが優先して望まれる。

② プロフェッショナル野球（以下プロ野球と言う）での外野の範囲

1958 年 6 月 1 日以降、プロ野球のクラブが建造（改造）する競技場は、本塁より左右両翼のフェンス・スタンドなどプレイの妨げになる施設までの最短距離は 99.058m（325 フィート）、中堅は 121.918m（400 フィート）が必要である。

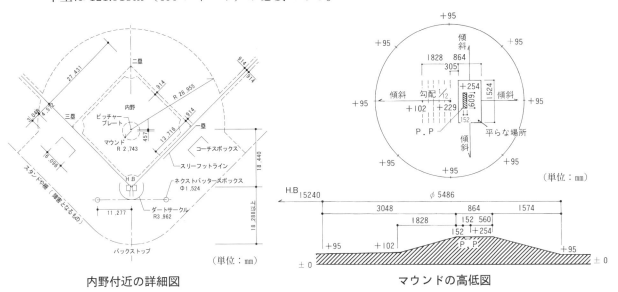

内野付近の詳細図　　　　　　　マウンドの高低図

③ グラスライン

グラスラインとは外野の芝生までの距離で、投手板を基点にして、28.955m を半径とする曲線だが、野球規則ではこの寸法は必ずしも強制されるものでなく、各クラブは任意に芝生および芝生のない地面の広さや形を定めることができるとされている。

3）ファウルグラウンドの範囲

本塁からバックストップ（バックネットの位置）までの距離、1塁線・3塁線からファウルグラウンドにあるフェンス・スタンドなどプレイの妨げとなる施設までの距離は 18.288m（60 フィート）以上必要である。

4）ラインの名称と規格

ラインは、幅 7.6cm（3 インチ）で湿り気のある石灰または、塗料、または無害かつ不燃性のチョーク、その他白い材料にてすっきり描かなければならない。（木材その他堅い材料をもちいてはならない）

「ライン上」の取り扱いは、境界線（ファウルラインおよびその延長として設けられたファウルポール）を含む内

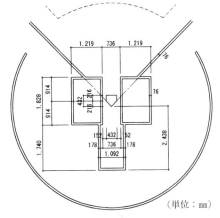

野・外野のフェアーグラウンドであり、バッターボックスのラインはバッターボックスの1部である。

5）野球規則におけるメートル法換算表（小数点以下第2位にて四捨五入する。）

1フィート………0.304794m

1インチ………2.5399cm

野 球 場 の 寸 法 表

項　　　　目	距離、寸法（単位：m）		
	プロ野球	硬式公認	軟　式
本塁より左右両翼フェンスまでの距離	99.058	97.534	91.438
本塁より中堅までの距離	121.918		115.822
グラスラインの半径（投手板より）	28.955		
本塁より2塁、1塁より3塁までの距離	38.795		
各塁間の距離	27.431		
本塁からバックネットまでの距離	18.288		
本塁から投手板までの距離	18.440		
スリーフットラインの幅×長さ	0.914×14.629		
ネクストバッターズボックスの直径	1.524		
ネクストバッターズボックスの中心線からの距離	11.277		
コーチスボックスのファウルラインからの距離	4.572		
コーチスボックスの大きさ	0.3048〜3.048×6.096		
バッターズボックス	1.829×1.219		
キャッチャーズボックス	2.438×1.092		
左右バッターズボックス間の距離	0.736		
バッターズボックス内側線とキャッチャーズボックス線の間隔	0.178		
バッターズボックス内側線と本塁の間隔	0.152		
本塁の各辺の長さ（横×縦×斜部）	0.432×0.216×0.305		
塁ベースの縦・横の長さ	0.381		
投手板の大きさ（横×縦）	0.152×0.610		
投手のマウンドの直径	5.486		
各ラインの幅	0.076		

硬式公認：「公認野球規則」による、優先的に望まれる寸法
軟　式：（公財）全日本軟式野球連盟による公認第1種の寸法

6）少年野球での規格

　中学生以上は一般と同じ規格でおこなわれるが野球の発展と育成のため、小学生に限り、下記に示す特別規格にて行っている。

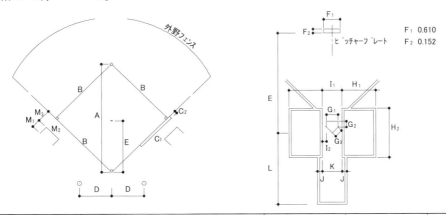

距離長さ（m）	主催団体		日本少年野球連盟	日本リトルリーグ野球協会	㈶全日本軟式野球連盟
	制限年齢（適用年齢）		小学校4年生から6年生	満9才から満12才	小学校1年生から6年生
	上の図に示す記号				
本塁から左右両翼フェンスまでの距離			—	60.96以上	70.00
本塁から中堅までの距離					85.00
芝生の線、投手板からの半径					24.12
本塁から2塁、1塁から3塁までの距離	A		32.33	25.85	32.53
各塁間の距離	B		22.86	18.29	23.00
本塁からバックネットまでの距離				7.62	12.00
ファールラインからスタンドまでの最小限距離			—		12.00
本塁から投手板までの距離	E		15.367	14.02	16.00
スリーフットラインの全長	C_1		11.43	—	11.50
スリーフットラインとベースラインとの間隔	C_2		0.914	—	0.914
ネクストバッタースボックスはA線より左右	D		11.277		9.398
ベースラインからコーチスボックスまでの距離	M_3		3	1.83	3.00
コーチスボックス	M_1		2.5	1.22	2.54
	M_2		4	2.44	5.144
バッタースボックス	H_1		1.219	0.915	0.9
	H_2		1.829	1.83	1.5
キャッチャースボックス	L		2.438	1.94	2.032
	K		1.092	—	0.901
バッターボックス間の距離	I_2		0.152	0.102	0.130
	G_1		0.432	0.432	0.381
	I_2		0.152	0.102	0.130
	I_1		0.737	0.632	0.641
本塁とキャッチャースボックスの縦ラインとの間隔	J		0.178	—	0.13
	I_2		0.152	0.102	0.13
			0.330	—	0.26
本塁とバッターボックス間の距離	I_2		0.152	0.102	0.13
本塁の各辺の長さ	G_1		0.432	0.432	0.381
	G_2		0.216	0.216	0.190
	G_3		0.305	0.305	0.269
塁ベースの辺の長さ			—	—	0.3556

7）国内ルール・国際ルールの違い

　1991 年度の国内でのルール改訂において、アメリカのルールを基礎にして統一され、以降の変更等も準拠しているので、両者の違いはない。

(2)　サーフェスの材質

　公認野球規則には芝生、もしくは芝生のない地面と書かれている。

(3)　競 技 施 設

1）本塁と投手板

　本塁は、43.2cm（17 インチ）の 1 辺が投手板に面し、30.5cm（12 インチ）の 5 角形の白色のゴム板の 2 辺が 1 塁・3 塁線（ベースラインからファールラインと続く基線）に一致する。

　投手板は、61cm（24 インチ）と15.2cm（6 インチ）の長方形の白色のゴム板で、本塁の 1 辺（43.2cm・17 インチ）と正対するように設置する。

　本塁と投手板の間隔は、18.44m（60 フィート 3 インチ）で、その設置方法は、地面と水平になるように固定をする。

2）キャンバスバッグ（塁ベース）

　キャンバスバッグは 38.1cm（15 インチ）の正方形で厚みは、7.6cm（3 インチ）ないし 12.7cm（5 インチ）でその内に柔らかい材料を詰めてつくる。

　設置場所は 1 塁と 3 塁は内野の内に入るように、又 2 塁に関しては 1 塁と 3 塁からの交点に 2 塁キャンバスバッグの中心がくるように設置する。

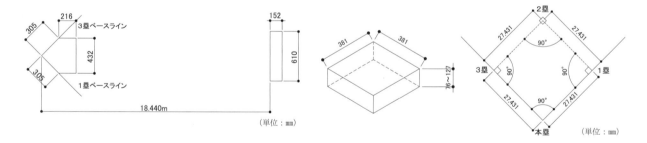

3）ファウルポール

　本塁を基点として 1 塁線および 3 塁線のベースライン、ファウルラインの延長としてプレイの妨げとなる施設（野球場の場合、外野の観覧席前やウォールを示す。）に設けられ、白く塗らなければならないが、判別の便宜上、他の色のものを用いてもよい。

4）バックネット

　野球規則では、バックストップ（バックネット）の設置位置は本塁より半径 18.288m（60 フィート）の円に接すると示されている以外詳細説明はない。

5）プレーヤーズベンチ（ダッグアウト）

　設置場所は、1 塁および 3 塁のベースラインから最低 7.62m（25 フィート）離す。通常コーチス

ボックスおよびネクストバッターズボックスの後方でファウルラインから 18.288 m（60 フィート）以上隔して設置する。これには左右および後方の 3 方に囲いをめぐらし、屋根を設ける必要がある。

6）フ ェ ン ス

　野球競技場は囲いで囲まれていることが基本で、スタンドやプレーヤーズベンチなどはフェンスやウォールにて外と分断する。

7）衝撃吸収フェンス

　野球関係者の要望により、選手の安全確保を目的に、緩衝効果を持った衝撃吸収フェンスの設置が実施されている。
　（参考）安全対策施設の設置要望
①　プロ野球
　　選手会より安全対策のできていない球場でのプレイに関して、危険な為に球場の使用を控えてほしいとの要請が出され、コミュッショナーとして、球場所有者や各市町村に対して『安全対策施設を設置することが望ましい』との要請書を提出。
②　日本高等学校野球連盟
　　プロ野球関係者と同じ観点より、プロ野球と同様な措置を要望。
③　日本野球連盟
　　プロ野球が開催できる規模と安全対策のできた球場でのプレイ希望を要望。

8）防球ネット

　飛球による、観覧者や部外者・外部のモノへの安全のため、グラウンドと観覧席の間、外部との境界部には防球ネットが設置される。
　規則に規程は無いが、設置場所や高さなどについては十分な検討が必要となる。

9）スコアボード

　構造的には鉄骨造りが多く、スタンド付きの大きな球場は電動式が主流だが、使用目的や規模によっては、簡単な構造のものもある。

種　　　別	寸　　　　法		適　　　用
	L	H	
硬 式 野 球 場	20.00〜25.00	5.00〜7.00	電動式、連絡設備等一式
軟 式 野 球 場	10.00〜20.00	3.00〜5.00	半電動式、連絡設備等一式
少年・児童野球場	4.00〜8.00	1.80〜2.50	簡単なもの、連絡設備等一式

⑷　そ　の　他

1）国民体育大会競技施設基準
　　　「第 77 回国民体育大会　競技施設基準」　第 77 回国民体育大会準備委員会
　①　軟式野球
　　　　既定の野球場：5 面　2 会場地以上に分かれてもよい。2 会場地以上に分かれる場合は 6 面とする。

② 高等学校野球（硬式、軟式）

　　既定の野球場：3面　2会場他に分かれてもよい

2）参考文献

　　「公認野球規則　2020」　編集：日本プロフェッショナル野球組織、全日本野球協会

　　「日本少年野球連盟規則」：（公財）日本少年野球連盟

　　「リトルリーグ規約」：（公財）日本リトルリーグ野球協会

5．ソフトボール

(1) ソフトボール競技場の寸法および規格

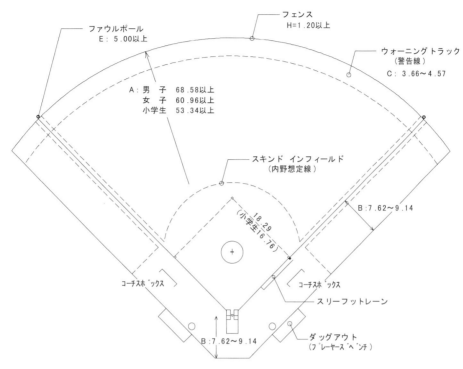

ソフトボール競技場　（単位：m）

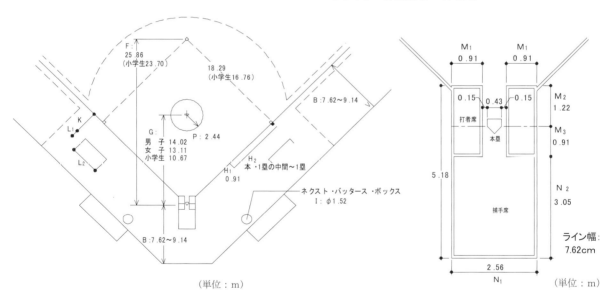

（単位：m）

（単位：m）

1）ソフトボール競技場の寸法

　　ソフトボール競技場の寸法は、上図のとおり。

　　公認のルールでは、「競技場は、平坦で障害物のない地域であり、その上方空間を含む」だが、状況に応じて特別グランドルールを設定してもよいとされている。

　　ベースラインは、いずれも長さ18.29m（60フィート）で、走塁の基準となるラインであるが、実線は引かない（1・2塁、2・3塁間）。

ファウルラインは、本塁・1塁、本塁・3塁を結ぶベースラインの延長である。

2）投球距離（ピッチング・ディスタンス）

　　投手板の前縁から本塁頂点までの距離のことで、男子の場合は14.02m（46フィート）女子の場合は13.11m（43フィート）、小学生は10.67m（34.6フィート）である。

　　スローピッチソフトボール・ルールでは男女共14.02m（46フィート）小学生は10.67m（34.6フィート）となっている。

3）打者席（バッタース・ボックス）および捕手席（キャッチャース・ボックス）
　①　打者席（バッタース・ボックス）

　　　0.91m（3フィート）×2.13m（7フィート）の長方形で、本塁との距離は15.24cm（6インチ）である。

　②　捕手席（キャッチャース・ボックス）

　　　両打者席の外側の2.13m（7フィート）のラインを本塁後方へそれぞれ3.05m（10フィート）延長し、その両端を結んでつくられる3.05m×2.56mの長方形の地域である。

　　　いずれも各寸法における距離は、ラインに関するものは各々ライン外縁を起点、終点とする。

4）スリー・フット・レーンおよびコーチス・ボックス
　①　スリー・フット・レーン

　　　本塁と1塁の中間からはじまって、ベースラインの外側に0.91mの幅で平行に引かれた線とファウルラインとの間の地域をいう。

　②　コーチス・ボックス

　　　1塁と3塁の外側3.66m（12フィート）のところからベースラインに平行にそれぞれ本塁方向に引いた4.57m（15フィート）の直線と、その直線の両端からそれぞれ外側へ直角に引いた0.91m（3フィート）の直線からなる。

5）次打者席（ネクスト・バッタース・ボックス）

　　次打者席はプレーヤース・ベンチまたはダッグアウトの本塁側の隣接地域に描かれた直径1.52m（5フィート）の2つの円である。

6）ラインの材料と幅

　　ラインは、石灰・白墨等の白色材料を使用して明示する。幅はすべて7.62cm（3インチ）とする。

7）ソフトボールルールにおけるメートル法換算表（'はフィート、"はインチ）

200'＝60.96m	10'＝3.05m	24"＝60.96cm
60'＝18.29m	8'-5"＝2.56m	17"＝43.18cm
46'＝14.02m	7'＝2.13m	15"＝38.1cm
43'＝13.11m	5'＝1.52m	12"＝30.48cm
30'＝9.14m	4'＝1.22m	8"＝21.59cm
20'＝6.09m	3'＝0.91m	6"＝15.24cm
17'＝5.18m	2'-5"＝0.73m	3"＝7.62cm

8）競技者別ソフトボール場の寸法表

単位のないもの（m）

距　離　・　長　さ	記図記号	競　技　者		
		男　子	女　子	小　学　生
本塁より左右両翼・中堅までの距離	A	68.58 以上	60.96 以上	53.34 以上
本塁からバックネット、1・2塁線からスタンド・フェンスまでの距離	B	7.62〜9.14	7.62〜9.14	7.62〜9.14
警告線からフェンスまでの距離	C	3.66〜4.57	3.66〜4.57	3.66〜4.57
外野フェンスの高さ	D	1.2 以上	1.2 以上	1.2 以上
ファウルポールの高さ	E	5.00 以上	5.00 以上	5.00 以上
本塁から2塁までの距離	F	25.86	25.86	23.7
本塁から投手板までの距離	G	14.02	13.11	10.67
スリーフットレーンの幅	H_1	0.91	0.91	0.91
長さ	H_2	9.14	9.14	8.38
ネクストバッタースボックスの半径	I	0.76	0.76	0.76
ネクストバッタースボックスの中心間の半分の長さ	J	6.00〜9.00	6.00〜9.00	6.00〜9.00
ベースラインよりコーチスボックスまでの距離	K	3.66	3.66	3.66
コーチスボックスの幅	L_1	0.91	0.91	0.91
長さ	L_2	4.57	4.57	4.57
バッタースボックスの幅	M_1	0.91	0.91	0.91
長さ	M_2	1.22	1.22	1.22
長さ	M_3	0.91	0.91	0.91
キャッチャースボックスの幅	N_1	2.56	2.56	2.56
長さ	N_2	3.05	3.05	3.05
本塁とバッタースボックスの距離	O	0.15	0.15	0.15
ピッチャーズサークルの半径	P	2.44	2.44	2.44
投手板幅	Q_1	15.24cm	15.24cm	15.24cm
長さ	Q_2	60.96cm	60.96cm	60.96cm
本塁の各辺の長さ	R_1	43.18cm	43.18cm	43.18cm
	R_2	21.59cm	21.59cm	21.59cm
	R_3	30.48cm	30.48cm	30.48cm
塁ベースの辺の長さ	S	38.1cm	38.1cm	38.1cm
塁ベースの厚さ	T	7.62〜12.7cm	7.62〜12.7cm	7.62〜12.7cm

9）国内ルール・国際ルールの違い

　　（公財）日本ソフトボール協会（JSA）と、国際ソフトボール連盟（ISF）の相違点は次のとおり。

項　　　目	日本ソフトボール協会（JSA）ルール	国際ソフトボール協会（ISF）ルール
本塁から外野フェンスまでの距離	男子　　：68.58m以上 女子　　：60.96m以上 小学生：53.34m以上 　　　　　　　（注記）	男子：76.20m以上 女子：67.06m以上 19歳以下男子：67.06m以上 68.58m以下 19歳以下女子：67.06m以上 68.58m以下 16歳以下男子：53.34m以上 67.06m以下 16歳以下女子：53.34m以上 67.06m以下
塁間距離	男子・女子：18.29m 小学生　　　：16.76m	男子・女子（ジュニアを含む）：18.29m
投球距離	男子：14.02m 女子・高校女子・シニア：13.11m 中学生女子、レディース、エルダー、 エルデスト、ハイシニア：12.19m 小学生：10.67m	男子　　19歳以下男子：14.02m 女子　　19歳以下女子：13.11m 　　　　16歳以下女子：12.19m

注：競技場についてJSAルール（国内ルール）に変更点はないものの、新規競技場についての「本塁から外野フェンスまでの距離」は、ISFルール（国際ルール）を推奨しているとのこと。
　　国民体育大会（ソフトボール競技）においては、ISFルールを適用。

(2)　サーフェスの材質

　材質についての規定はないが、一般には内野はクレイ系舗装、外野は天然芝が多い。最近、管理面などから人工芝舗装も増えてきたが、ピッチャーズサークル、ホームベース、1～3塁付近はクレイ系舗装である。

(3)　競技施設と付帯施設

　競技施設

　1）ベースと投手板

　　本塁ベース、塁ベースおよび投手板は次図のとおり。

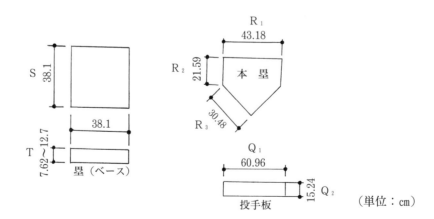

　2）ダブルベース

　　ダブルベースは、1塁の守備者と打者走者との接触などの危険防止のために用いるベースで、大きさは38.1cm×76.2cm、厚さは7.62cm～12.7cmで、白色部分（白色ベース）はフェア地域に、オレンジ色部分（オレンジベース）はファウル地域に固定する。

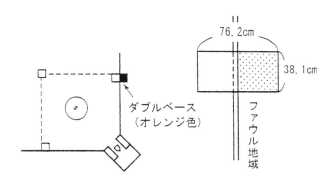

ダブルベース
（オレンジ色）

76.2cm

38.1cm

ファウル地域

付帯施設

1）バックネット

　構造は鋼構造が主体で、組立柱式（単柱）、支索式ごとに大別され、型式は円弧、直線、折線の型が多い。観客席を有する場合は躯体工事と併せて計画する。

バックネットの寸法例

（単位：m）

種　類 ＼ 寸　法	H－（高さ）	W－（幅）
ソフトボール場	4.00〜5.00	15.00〜18.00

2）ダッグアウト（プレーヤーズベンチ）

　規定はないが構造は、鉄筋コンクリート造、鉄骨造、組積造、寸法は長さ9.5m、奥行き2.4m、有効高さ2.2m位で、スタンドと一体の施設では床面はグランド面より下げている場合が多い。

3）スコアボード

　野球場の施設に準じて作られる。

4）ファウルポール

　グラウンドのファウルラインの延長として設けるもので、ラインを含め内側をフェアグラウンドとする。高さは5m以上で構造は鋼管製が多い。

5）危険防止対策施設

① 衝撃吸収フェンス

　固い壁面の上や柱の周囲等には、選手の安全のために衝撃吸収フェンスの設置が必要である。

② 防球ネット

　競技場周囲や観覧席境界の防球ネット施設は、観覧者および部外者や外部のモノに対する安全対策上必要である。

⑷　そ　の　他

1）国民体育大会競技施設基準

　　「第77回国民体育大会　競技施設基準」　第77回国民体育大会準備委員会

　　規定の野球場：8面（2会場地以上に分かれてもよい）

2）参考文献

　　「オフィシャルソフトボールルール2019」：（公財）日本ソフトボール協会

6．フィールドホッケー

(1) ホッケーフィールドの寸法および規格

1）フィールドの寸法

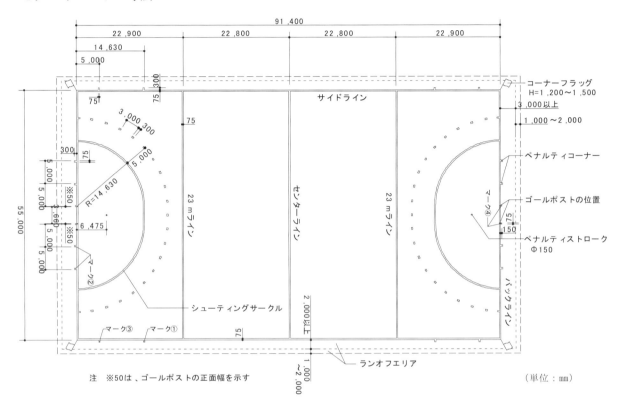

注 ※50は、ゴールポストの正面幅を示す

（単位：mm）

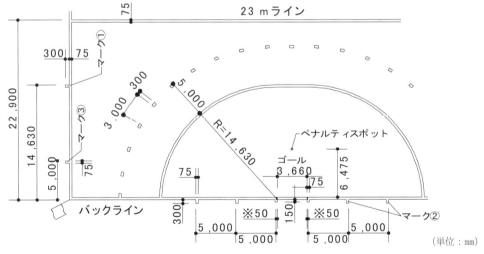

（単位：mm）

2）フィールド内のラインとマーク

　　フィールドを描くために引くラインの幅は全て75mmの実線とし、すべて白色とする。

　　サイドライン、バックラインは、ゴールラインを含めフィールドの一部である。

　　フィールド上には、競技規則記載以外のマークは付けてはならない。（※）

　※　新設の競技場やラインの引き直しに適用する。従来のマークを示した競技場ではマークをそのまま使
　　　用して差し支えない。

プレイフィールド	バックライン（長さ55.0ｍ）とサイドライン（長さ91.4ｍ）で仕切られた部分をさす。バックラインとサイドラインの周囲のマークもプレイフィールドに含まれる。
ゴールライン	バックラインの一部で、ゴールポスト間の部分をさす
センターライン	２本のサイドラインの中点を結んだライン
23ｍライン	バックラインから22.9ｍの地点に、バックラインと平行に引いたライン
サークルライン	ゴールラインから14.63ｍ地点の、ゴールラインと平行な3.66ｍの長さのラインと、その両端からバックラインに向かって引かれた１／４円のライン（中心は各々のゴールポストの内側角）
サークル外側の破線	サークルラインの外側5.0ｍの破線のライン（破線の間隔は3.0ｍ、長さは30㎝）
マーク　①	バックラインから14.63ｍの位置に、サイドラインの外側に向かって印された長さ30㎝のマーク
マーク　②	各々のゴールポスト外側角から５ｍと10ｍの位置に、バックラインの外側に向かって印された長さ30㎝のマーク
マーク　③	バックラインの中点から1.83ｍの位置に、バックラインの外側に向かって印された長さ15㎝のマーク
ランオフエリア	競技場の表面と同質のもので、その範囲はバックライン側は３ｍ、サイドライン側は２ｍ以上必要で、それ以外の材質の場合はさらに各々の外側に１ｍ以上（２ｍ推奨）のスペースが必要

３）マーキング

　　マーキングは白色とする。人工芝舗装の場合、フィールドのグリーンに対して、明確な対照を示すものでなければならない。

４）国内ルール・国際ルールの違い

　　国内ルール「ホッケー競技規則：（公財）日本ホッケー協会」は、国際ホッケー連盟（FIH）のルールに準拠してしているため違いはない。

(2)　サーフェスの材質

　　ホッケー競技は、天然芝の上で行うスポーツであったが、現在では人工芝で行うことが多い。

　　オリンピック、ワールドカップ、アジア大会などの国際試合、国内では（公財）日本ホッケー協会の主催する主要な競技会の準決勝以上の試合に対しては人工芝舗装のフィールドが適用される。

　　（公財）日本ホッケー協会では独自の基準値をもとに指定した企業の製品とフィールド検査による公認制度を設けている。

　　特に規定のない競技会では、天然芝あるいはクレイ系舗装のフィールドで行うこともある。

(3)　競　技　施　設

１）ゴ　ー　ル

　　ゴールは、地面と平行になっているクロスバーと合わせた地面と垂直な２本のゴールポストが、

バックラインに示されたマークの上に設置される。ゴールポストの前面基部はゴールラインの外縁に接する。

ゴールポストの内側縁同士の間隔は 3.66ｍで、クロスバーの低い側の縁からグラウンドまでの間隔は、2.14ｍとする。

ゴールポストとクロスバーは、白色で、接触部分を含めて矩形とし、幅 50㎜、奥行き 50㎜から 75㎜とする。

ゴールポストは、クロスバーの高さを超えて上方に、クロスバーは、ゴールポストよりも側方に突き出してはならない。

ゴールの奥行きは、クロスバー側（上方）は最低 0.90ｍ、グラウンド側（下方）は、最低 1.20ｍの長さをとらなければならない。また、このポストとバーは、上記の奥行きに沿ってサイドボード、バックボードおよびネットで囲まれていることとする。

サイドボードは高さ 460㎜、長さは最低 1.20ｍとし、グラウンド上でバックラインの端に直角に置かれ、ゴールポストの幅よりはみ出ないように固定される。

バックボードは高さ 460㎜、長さ 3.66ｍとし、グラウンド上で両サイドボードの端に直角に置かれ、バックラインと平行になるようにして、両サイドボードからはみ出さないようにしておく。

サイドボードとバックボードの内側は、濃い色（グリーン、エンジ、紺等）とする。

２）ゴールネット

ネットの網の目の大きさは最大 45㎜とし、バックボードおよびゴールポストへの取り付け間隔は 150㎜以内とする。

ネットは、バックボード、サイドボードの後ろ側に吊り下げるように取り付け、ボールが跳ね返ってこないように余裕があり、しかもゴールに合ったものとする。

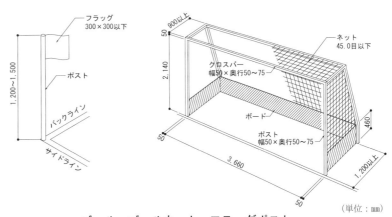

ゴール、ゴールネット、フラッグポスト

３）フラッグポスト

フラッグポストは、フィールドの各コーナーに置かれ、その高さは 1.20ｍから 1.50ｍとする。また、フラッグポストは危険なものであってはならず、折れたり破損したりしないものであれば、できる限り取り付け部がバネ式のものが望ましい。

フラッグポストに取り付ける旗（フラッグ）は、幅、長さともに 300㎜を超えないものとする。

(4) 付帯施設 　JFAホッケー競技場施設基準：（Hockey Handbook）による

・散水施設 　（散水を要するホッケー・ターフ・フィールド）
・フィールド周囲の防球フェンス 　（バック側はＨ７ｍ、サイド側はＨ１ｍを強く推奨）
・照明設備
・観客席 　など

(5) そ　の　他

1）国民体育大会競技施設基準

「第77回国民体育大会　競技施設基準」　第77回国民体育大会準備委員会

規定の競技場2面（人工芝で、うち1面は日本ホッケー協会公認とする）

2）参考文献

『ホッケー競技規則』：（公財）日本ホッケー協会（2019年）

『2019年度 Hockey Handbook改訂版』：（公財）日本ホッケー協会技術委員会（2019年）

7. サッカー

1. サッカーフィールドの寸法および規格

1) 競技のフィールド

寸法、各部名称は以下のとおり。

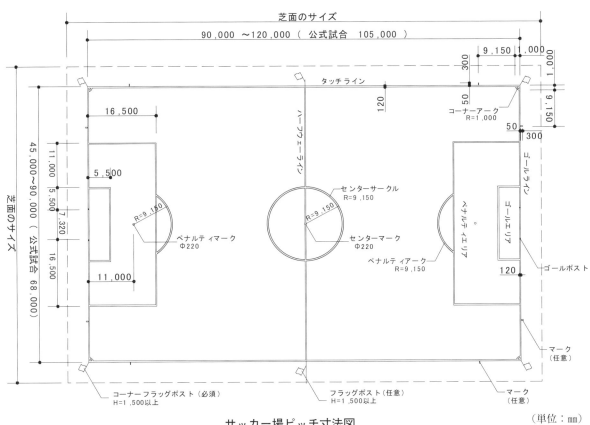

サッカー場ピッチ寸法図　　　　　　　　　　　　（単位：㎜）

2) ピッチのマーキング

ピッチは長方形のラインでマークする。エリアの境界線（外側）を示すラインはそのエリアの一部である。すべてのラインの幅は12㎝を超えてはならない。

長い方の境界線をタッチライン、短い方の境界線をゴールラインという。

2本のタッチラインの中点を結ぶハーフウェーラインでフィールドを半分に分け、ハーフウェーラインの中央にセンターマークをしるす。これを中心に半径9.15mのサークルを描く。センターマークおよびペナルティーマークは、直径22㎝の円で描く。

コーナーキックを行うときに守備側競技者に離れる距離を確実に守らせるため、コーナーアークから9.15m離れたピッチの外側に、ゴールラインとタッチラインに対して直角のマークをつけることができる。このマークはゴールラインから5㎝離して直角に30㎝の長さの白線をつける。

3) ピッチの大きさ

長さ（タッチライン）90m～120m　（国際試合は100m～110m）

幅　（ゴールライン）45m～90m　（国際試合は64m～ 75m）

日本国内での国際試合および国民体育大会等の全国的規模の大会でのピッチの大きさは105m×

68mとする。なお、FIFAは、ワールドカップ、オリンピック等のピッチの大きさを105m×68mと定めている。

4）ゴールエリア

　　ゴールポストの内側から、5.5mのところに、ゴールラインと直角に2本のラインを描く。このラインは、ピッチ内に5.5mまで延ばし、その先端をゴールラインと平行なラインで結ぶ。これらのラインとゴールラインで囲まれたエリアがゴールエリアである。

5）ペナルティーエリア

　　ゴールポストの内側から、16.5mのところに、ゴールラインと直角に2本のラインを描く。このラインは、ピッチ内に16.5mまで延ばし、その先端をゴールラインと平行なラインで結ぶ。　これらのラインとゴールラインで囲まれたエリアがペナルティーエリアである。

　　両ゴールポストの中央から11mで両ゴールポストから等距離のところにペナルティーマークを描く。それぞれのペナルティーマークの中央から半径9.15mのアークをペナルティーエリアの外に描く。

6）コーナーアークとフラッグポスト

　　それぞれのコーナーフラッグポストから、半径1mの四分円をピッチ内に描く。各コーナーには、旗をつけた先端のとがっていない高さ1.5m以上のフラッグポストを立てる。（ハーフウェーラインの外側の設置は任意）

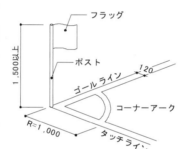

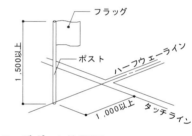

フラッグポスト位置図　　　（単位：mm）

(2)　サーフェスの材質

　　試合は競技会規定に基づき、天然または、人工の表面のフィールドで行われる。人工のフィールドの表面の色は、緑色でなければならない。また、競技会規定で認められる場合、人工と天然素材を組み合わせたもの（ハイブリッドシステム）を用いることもできる。

ロングパイル人工芝の公認制度

　　JFA（日本サッカー協会）は、サッカー競技に適した人工芝を敷設したピッチを公認する制度として、「JFAロングパイル人工芝ピッチ公認制度」を定めており、「検査実施マニュアル」とともにホームページに掲載している。

(3)　競 技 施 設

1）ゴ　ー　ル

　　ゴールを1基、それぞれのゴールラインの中央に設置する。

　　ゴールポストとクロスバーは、同じ形状で正方形・長方形・円形・楕円形またはこれらの組合せのいずれかの承認された材質とし、同じ幅と厚さで12cm以下（12cmが適当）とする。ゴールラインの幅はゴールポストと同じであり、ポストの間隔は（内寸）7.32m、クロスバーの下端からグラウ

ンドまでの距離は2.44mである。

　ネットをゴールとその後方のフィールドに取り付けるが、それは適切に支えられ、ゴールキーパーの邪魔にならないようにする。

　ゴールはグラウンドに確実に固定する。移動式ゴールにおいても同様とする。

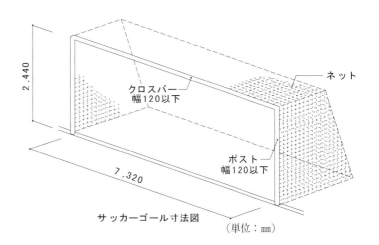

クロスバー
幅120以下

ネット

ポスト
幅120以下

2,440

7,320

サッカーゴール寸法図

（単位：mm）

(4)　そ　の　他

1）国民体育大会におけるサッカー競技施設

『第77回国民体育大会　競技施設基準』:第77回国民体育大会準備委員会

・規定の競技場芝生7面以上が必要。　2会場以上に分かれても良い。

・原則天然芝とする。全3面までJFA公認人工芝ピッチの使用を可能とするが、1回戦、2回戦（成年男子・女子については準々決勝）、3位決定戦に限り使用可能とする。

・競技のフィールドの大きさは、「105m×68m」とすること。

2）参 考 文 献

『サッカー競技規則　2021／2022』：（公財）日本サッカー協会

『スタジアム標準』：（公財）日本サッカー協会

『国民体育大会サッカー競技施設ガイドライン　第6版』：（公財）日本サッカー協会

8．8人制サッカー

8人制サッカーとは、小学生年代の子供たちが楽しみ、成長できるサッカーやフェアプレー精神が育まれることを念頭に、現在のサッカー競技規則をベースとして生まれた少人数サッカーである。

(1) 8人制サッカーフィールドの寸法および規格

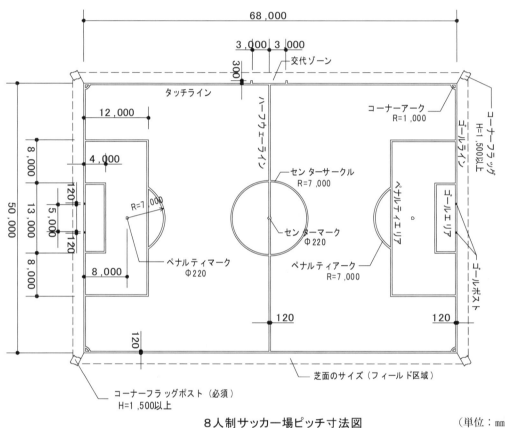

8人制サッカー場ピッチ寸法図　　　（単位：㎜）

1）表面

　芝、人工芝が望ましいが、土等でも可能とする。コンクリートなど競技者が転倒等により負傷しやすい表面は認められない。

2）大きさ

　68m×50m（大人のピッチの半分：2面のピッチが設置可能）を推奨するが、使用可能な試合会場の大きさによって、修正してもよい。

3）ペナルティーエリア、ゴールエリア

　ペナルティーエリアの縦＝12m

　ペナルティーマーク＝8m

　ペナルティーアーク、センターサークルの半径＝7m

　ゴールエリアの縦＝4m

4）ゴール

　5 m×2.15m（少年サッカー用ゴール）を推奨する。

　ゴールは、競技者が負傷しないよう安全に設置しなければならない。

　少年サッカー用ゴールがない場合、フットサルゴールを 2 つ並べて 1 つのゴールとしたりコーンによって代用することは可能である。

5）交代ゾーン

　自由な交代のため、ベンチ側のタッチラインのハーフウェーに 6 mの交代ゾーンを設ける（ハーフウェーを挟んで両側に 3 m）。

　交代ゾーンはタッチラインの外側に30cmの長さで、ラインまたはマーカーコーンでマークする。

(2)　ライン、付属品

1）ライン

　ラインの幅は12cm以下とする。

　大人のピッチに併設の場合は、サッカーのラインとの見分けを明確にするため、色を変えることが望ましい。

2）フラッグポスト

　サッカーと同様のものを使用する。

3）ゴール

　サッカーと同様の仕様とする。ただし、ゴールポストの内側は5.00m、クロスバーの高さはグラウンド面からその下端まで2.15mのものを推奨する。

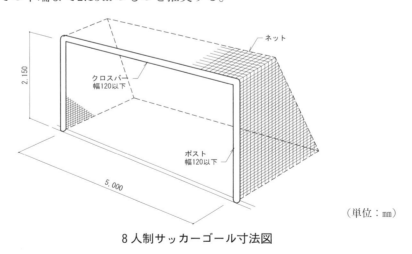

（単位：mm）

8 人制サッカーゴール寸法図

(3)　参 考 文 献

　『 8 人制サッカー競技規則』：（公財）日本サッカー協会

9．フットサル

⑴　フットサルピッチの寸法および規格

1）競技のピッチ

寸法、各部名称は以下のとおり。

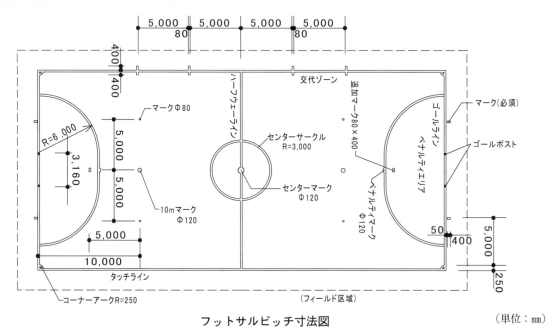

フットサルピッチ寸法図　　　　　　　（単位：mm）

2）ピッチの大きさ

長さ（タッチライン）25m〜42m　　（国際試合は38m〜42m）

幅（ゴールライン）16m〜25m　　（国際試合は20m〜25m）

3）ピッチのマーキング

ピッチは長方形で危険がないよう連続したラインでマークする。エリアの境界線（外側）を示すラインはそのエリアの一部であり、ピッチの色と明確に区別できるもので、幅は8cmとする。

ハーフウェーラインは2本のタッチラインの中点を結び、その中央に直径20cmのセンターマークをしるし、これを中心に半径3mのサークルを描く。

コーナーキックの際、守備側競技者に離れる距離を守らせるため、コーナーアークの外側の縁から5mの距離にゴールラインに対して直角に、5cm離して30cmの長さのマークをしるす。

4）ペナルティーエリア

6mの長さの仮想ラインを2本それぞれのゴールポストの外側からゴールラインに直角に描き、ゴールポストの外側から半径6mの四分円を、これらの仮想ラインの端から直近のタッチラインの方向に描く。それぞれの四分円の上端をゴーラインに平行な3.16mのラインによって結び、この中央に直径12cmのペナルティーマークをしるす。これらのラインとゴールラインに囲まれたエリアがペナルティエリアである。

5）10mマーク

　　ゴールラインの中央から10mの位置に直径12㎝の10mマークをしるし、この左右それぞれ5mの
　ところに直径8㎝の追加マークをつける。
　　また10mマークから5mのところに、追加マーク（8㎝幅×40㎝のライン）を引く。

6）コーナーアーク

　　それぞれのコーナーから半径25㎝の四分円をピッチ内に描く。

7）交代ゾーン

　　チームベンチの前のタッチライン上に交代ゾーンを設ける。
　　交代ゾーンはチームベンチの直前に設け、その長さはそれぞれ5mとする。その両端をタッチライ
　ンに直角に幅8㎝、長さ80㎝で描く。80㎝のうち40㎝をピッチの内側、40㎝をピッチの外側に描く。
　　タイムキーパーの机の前のエリアは、ハーフウェーラインの両端からそれぞれ5mであり、タイ
　ムキーパーからの見通しをよくしておく。

(2)　サーフェスの材質

　　滑らかかつ平坦で、摩擦のない表面のピッチでプレーされなければならず、できれば競技会規則に基づ
　き、木または人工材質でできたものがよい。コンクリートやアスファルトのピッチは、避けるべきである。
　　人工芝のピッチの使用は、例外的に国内競技においてのみ認められる。

(3)　ゴ　ー　ル

　　ゴールを1基、それぞれのゴールラインの中央に設置する。
　　ゴールポストとクロスバーは、木材、金属、またはその他の承認された材質とし、ピッチの色と
　異なった色で、太さは8㎝とする。
　　ポストの間隔は、3m（内寸）で、バーの下端からピッチ面までの距離は2mである。
　　ネットは麻、ジュート、またはナイロ
　ン、もしくはその他の承認された材質で
　できたもので、適切な方法でしっかりと
　ゴールポストとクロスバーの後方に取り
　付けなければならない。それは適切に支
　えられ、ゴールキーパーの邪魔にならな
　いようにする。
　　ゴールには、転倒防止のために安定さ
　せる仕組みが施されていなければならな
　い。移動式ゴールにおいても同様とする。

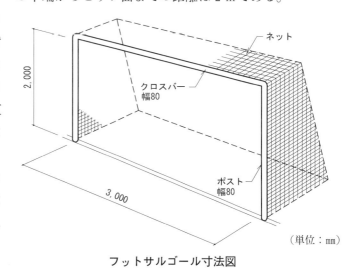

フットサルゴール寸法図

(4)　参考文献

　　『フットサル競技規則　2020/2021』：（公財）日本サッカー協会

10. ラグビーフットボール

(1) ラグビーフットボールフィールドの寸法および規格

1）競技場に必要な寸法
- 長さ（タッチライン）100m以内
- 幅（ゴールライン）　70m以内
- インゴールの長さ　　22m以内（可能な限り10m以上とる）

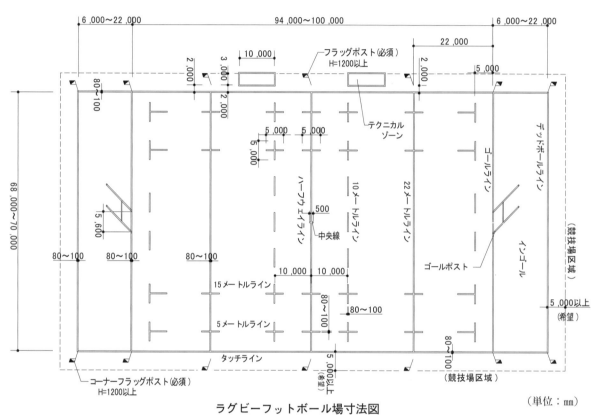

ラグビーフットボール場寸法図

（単位：mm）

2）競技場のライン

　　ライン幅の規程はないが、通常8〜10cmの幅で描く。

　　（ジャパンラグビートップリーグは、ライン幅10cm）

① 実　　　線
- デッドボールラインとタッチインゴールラインは、両方とも、インゴールではない。
- ゴールライン。インゴールに含まれるが、フィールドオブプレーには含まれない。
- 22mラインは、ゴールラインと平行に引く。
- ハーフウェイラインは、ゴールラインと平行に引く。
- タッチラインは、フィールドオブプレーには含まれない。

② 線　　　分
- 実線を除くすべての線を長さ5mの線分とする。
- ハーフウェイラインの両側10mの地点に水平な線分をそれぞれ引く。これらの線分が10mラインである。10mライン上の線分は、各サイドのタッチラインから5mと15mの地点に引かれた水平な線分と交差する。

- 各タッチラインから5mの地点に水平な線分をそれぞれ引く。これらの線分は、両側のゴールラインから5mの地点に水平に引かれた線分から引き始め、両側の22mライン、10mライン、および、ハーフウェイラインと交差する。これらの線分が5mラインである。
- 各タッチラインから15mの地点に水平な線分をそれぞれ引く。これらの線分は、両側のゴールラインから5mの地点に水平に引かれた線分から引き始め、両側の22mライン、10mライン、および、ハーフウェイラインと交差する。これらの線分が15mラインである。
- 各ゴールラインから5mの地点に水平に引かれた線分は、全部で6つである。両側の各タッチラインから5mと15mの地点の真ん中にそれぞれ1つずつ、残りの2つの線分は、ゴールポストの前に引き、その2つの線分の間隔が5mとなるようにする。

③ 中　　　央
- ハーフウェイラインの中央を交差する、長さ0.5mの線を1本引く。

3）方　　　位

競技規則に特に定めはない。

ゴールポストの相対する方向（長軸方向）は、南北に近い施設が多い。

(2) サーフェスの材質

表面は芝でおおわれているものが望ましいが、土、砂、雪、または人工芝でもよい。

国内でワールドラグビー（WR）主催試合を行う場合、「人工芝はWR競技に関する規定第22条に適合したものに限る。」とされている。

(3) 競技施設

1）ゴールポストとクロスバーの寸法
- ゴールポストの間隔（内寸）は、5.6mである。
- クロスバーは地面から上端部まで高さ3mとなるよう、ゴールポストの間に設ける。
- ゴールポストの高さは、地面から3.4m以上である。
- ゴールポストにパッドを取り付ける場合、パッドの外側がゴールラインから300mmを超えてはならない。

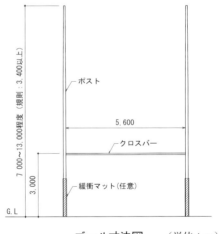

ゴール寸法図　　　（単位：mm）

2）フラッグポスト
- フラッグポストは、地面から1.2m以上の高さで、総数14本ある。
- 8本のフラッグポストを、タッチインゴールラインとゴールラインの交点、タッチインゴールラインとデッドボールラインの

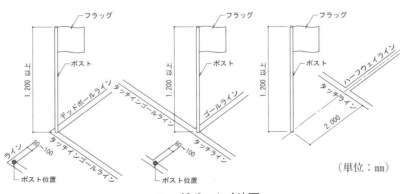

フラッグポスト寸法図

交点に立てる。これら8本は、インゴールには含まれず、競技区域にも含まれない。
- 6本のフラッグポストを、22mラインとハーフウェイラインに対向する、タッチラインの外2メートルの、競技場内の地点に立てる。

(4) そ の 他

1) タグラグビー

腰の左右に「タグ」とつけ、タックルの代わりに「タグ」をとるラグビー。

「小学校学習指導要領解説体育編」（平成20年改訂版）にタグラグビーが例示され、平成29年の改訂では、学習指導要領そのものにゴール型の例示種目として記載されたことを受け、主に小学校の体育授業において活用されている。

ゲームは、図1に示した形状のコートで行うが、子どもの実態に合わせて縦横の長さを工夫する。ボールは、タグラグビー用ボール等の楕円球を使用する。

1チームの人数は、4人ないし5人で行い、試合時間は5分ハーフ程度が一般的であるが、運動量が豊富なゲームなので、子どもの実態に応じた適切な時間を設定する。

なお、「全国小学生タグラグビー選手権大会」をはじめとする諸大会等においては、参加者の経験や力量などを考慮した上で、別途、当該の大会要項において定めた競技規則が適用される。

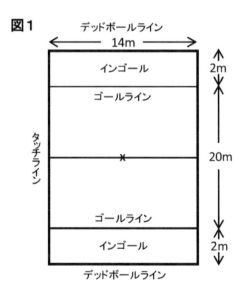

図1

2) 参 考 文 献

『ラグビー競技規則　2021』：（公財）日本ラグビーフットボール協会

『タグラグビー競技規則　平成30年改訂版』：（公財）日本ラグビーフットボール協会

11. アメリカンフットボール

(1) アメリカンフットボールフィールドの寸法および規格

1) フィールドの寸法および規格

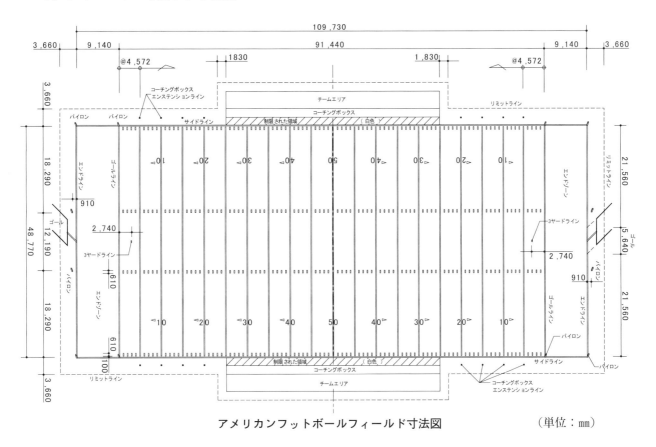

アメリカンフットボールフィールド寸法図　　　（単位：mm）

　フィールドは、長さ360フィート（109.73m）、幅160フィート（48.76m）の長方形の領域で、ライン、ゾーン、ゴール、パイロンによって構成されている。

　両端のエンドラインから10ヤード（約9.14m）内側に引かれた線をゴールラインといい、このゴールラインから中央の50ヤードラインまで5ヤード（約4.57m）ごとに線が引かれ、ゴールラインからの距離で10ヤードライン、20ヤードラインと呼ばれている。

① フィールド上のすべてのラインは、目や皮膚に無害な白色の材料により、4インチ（10cm）の幅に引かれなければならない。

　　例外：サイドラインとエンドラインの幅は、4インチ（10cm）以上でもよい。

　　　　　ゴールラインの幅は、4インチ（10cm）または8インチ（20cm）でもよい。

② サイドラインの内側4インチ（10cm）とハッシュマークには、24インチ（61cm）の短いヤードラインを引かなければならない。すべてのヤードラインはサイドラインより4インチ（10cm）離さなければならない。

③ サイドラインとコーチング・ライン間は、全面を白で塗りつぶさねばならない。

④ 白色のフィールドのマークまたは対照的な色の装飾物（チーム名など）は、エンドゾーンで使用してもよいが、すべてのラインより4フィート（1.22m）以上離さなければならない。

⑤ エンドゾーンを対照的な色にしてもよい。また、その色はいかなるラインに接してもよい。

⑥　対照的な色の装飾は、両ゴールライン間のサイドラインの内側で使用してもよいが、ヤードライン、ゴールライン、およびサイドラインに重なったりしてはならない。

⑦　ゴールラインは、白色と対照的な色を、一種類用いてもよい。

⑧　フィールド上での宣伝広告は認められない。（例外：－1.シーズン前後の試合においては、試合の名前に関連した後援団体のものは許される。－2.商業組織体または個人が施設の命名権を保有している場合、商業組織体または個人の名称あるいは商業用ロゴをフィールド中心以外の場所に2ヶ所まで描くことが許される。）

⑨　サイドラインから9ヤード（8.23m）に数字の上端がくるように、フィールドのヤードラインの白色の標示数字を縦6フィート（1.83m）、横4フィート（1.22m）以下で表示することが望ましい。

⑩　近い方のゴールラインの方向を指した白色の矢印を、フィールドの標示数字（ただし、50を除く）の横に書くことが望ましい。矢印は上端を数字の頭に合わせて書かれる。矢印は底辺が18インチ（46cm）、両斜辺が36インチ（91cm）の三角形である。

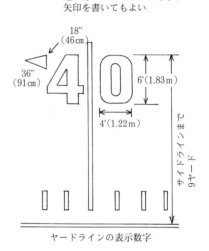

ヤードラインの表示数字

⑪　サイドラインから60フィート（18.29m）に2本のハッシュマークを設ける。ハッシュマークと短いヤードラインは、長さ24インチ（61cm）である。

⑫　長さ12インチ（30cm）の9ヤードマークは、10ヤード（9.14m）毎にサイドラインから9ヤード（8.23m）に引かれる。9ヤードマークは、フィールドにヤードラインの標示数字が設けられている場合は、引かなくてもよい。

2）境界区域の明示方法
　　フィールドの大きさは、すべて境界線の内側から計測したものである。それぞれのゴールラインの幅はエンドゾーンに含まれる。

3）リミットライン
①　フィールド全体の大きさにより不可能なグラウンドを除き、リミットラインは24インチ（61cm）間隔に、長さ12インチ（30cm）の破線で、サイドラインおよびエンドラインの12フィート（3.66m）外側に引く。フィールド全体の大きさで不可能なグラウンドでも、リミットラインは、サイドラインおよびエンドラインから6フィート（1.83m）以上離さなければならない。リミットラインは4インチ（10cm）の幅であり黄色でもよい。チームエリアの境界となるリミットラインは実線でなければならない。

②　リミットラインは、グラウンドの大きさが許す限り、チームエリアの両端および背後では、チームエリアから6フィート（1.83m）離れて引かなければならない。

4）チームエリアとコーチング・ボックス
①　交代選手、トレーナー、およびチーム関係者のみによる使用を目的として、リミットラインの外側で両25ヤードライン間の範囲を、チームエリアとしてフィールドの両側に設ける。両25ヤードライン間のサイドラインの外側6フィート（1.83m）に、コーチング・ボックスの前面として実線を引かなければならない。両25ヤードライン間のコーチング・ラインとリミットラインで

囲まれた地域は、白の斜線を引くか、またはコーチの使用が明白に識別できるマークがされていなければならない。

　　両ゴールライン間の5ヤード（4.57m）毎のヤードラインの延長線とコーチング・ラインの延長線の交点に、シリーズ獲得線標示器とダウン標示器が6フィート（1.83m）離れて設定し易いように、4インチ（10cm）四方のマークを設ける。

②　両25ヤードライン間のコーチング・ラインとリミットラインで囲まれた範囲をコーチング・ボックスという。

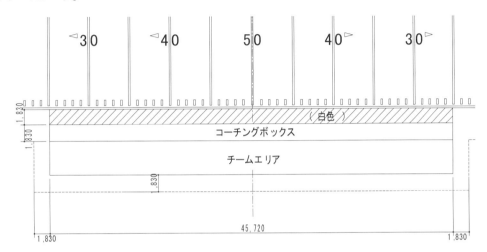

5）エンドゾーン

　　エンドラインとゴールラインとサイドラインで囲まれたエリアをエンドゾーンという。

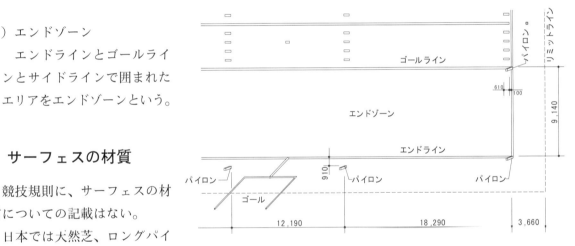

(2) サーフェスの材質

　　競技規則に、サーフェスの材質についての記載はない。

　　日本では天然芝、ロングパイル人工芝、クレイ系舗装のいずれも使用されているが、フィールドには多くのラインやマーキングが必要なこともあり、ロングパイル人工芝の施設が増えている。

(3) 競 技 施 設

1）ゴール

① 　各ゴールは、白色あるいは黄色の水平なクロスバーで連結された、30フィート（9.14m）以上の白色または黄色の垂直な2本の柱によって作られる。クロスバーの上端は、地上から10フィート（3.05m）の高さでなければならない。垂直な柱とクロスバーで囲まれた面の内側は、エンドラインの内側と同じ垂直面でなければならない。ゴールはアウト・オブ・バウンズである。

② 　2本のゴールポストの柱は、クロスバーより上の部分が白色または黄色で、内側の間隔は18フィート6インチ（5.64m）でなければならない。

③　柱とクロスバーには、飾りを付けてはならない。（例外：幅4インチ（10㎝）、長さ42インチ（1.07ｍ）のオレンジ色または赤色の吹き流しを、ゴールポストの柱の最上部に取り付けてもよい。）

④　クロスバーの高さは、バーの両端の上端からグラウンドまで垂直に測定したものである。

⑤　ゴールポストは、グラウンドから少なくとも6フィート（1.83ｍ）の高さまで弾力性のある物質で覆わなければならない。「分岐（オフセット）型柱」を使用してもよい。ゴールには広告を禁止する。それぞれのゴールポストのパッドには製造業者の一つのロゴまたは商標を付けてもよい。

２）パイロン

　4インチ（10㎝）四方で、底とグラウンドとの間の2インチ（50㎜）の空間も含めて高さ18インチ（46㎝）の角柱状の柔軟なパイロンが必要である。

　パイロンは、赤またはオレンジ色で、サイドラインと、ゴールラインおよびエンドラインの交差部8ヶ所の角の内側に立てる。エンドラインとハッシュマークの延長の交差部のパイロンは、エンドラインから3フィート（91㎝）離して置く。

３）標示物あるいは障害物

　プレー場内のすべての標示物、障害物はプレーヤーに危害を与えないような方法で作るか、もしくは設置しなければならない。これには、リミットライン付近のいかなる人にとっても危険なものすべてを含む。

４）フィールド表面

　特定のプレーヤーやチームに利益または不利益をもたらす物や装置を、プレー用表面や他の場所において使用してはならない。

５）スコアボード

　スコアボードには得点以外に残り時間など、必要なことが表示される。

(4)　参 考 文 献

『アメリカンフットボール　公式規則　公式規則解説書　2020〜2021』
　　　　　　　　　：（公財）日本アメリカンフットボール協会

12. ラクロス

(1) 概　要

　ラクロスは、クロスと呼ばれる柄の先にネットのついた道具を使い、おおよそ6cm強の直径のゴムボールを間口1.83m角のゴールに入れ、得点を争うゲームである。

　プレーヤーは、ゴールを守るゴーリーと呼ばれるキーパーを始め、おおむねサッカーのように役割が決められており、男子と女子ではフィールドの大きさ、用具、プレーヤーの数などは少し異なるが基本的なプレーは同じである。

　男子の場合は、20分を1区切りとした4つのクォーターに分けられて試合が進められ、プレーヤーは10名であるが、女子は25分ハーフの前後半に分かれており、プレーヤーは12名である。クロスを使用することによりボール運びのスピード感もさることながら、激しいプレーの見られるのもラクロスの魅力である。

(2)　男子ラクロスのフィールドと競技施設

1）フィールドの寸法

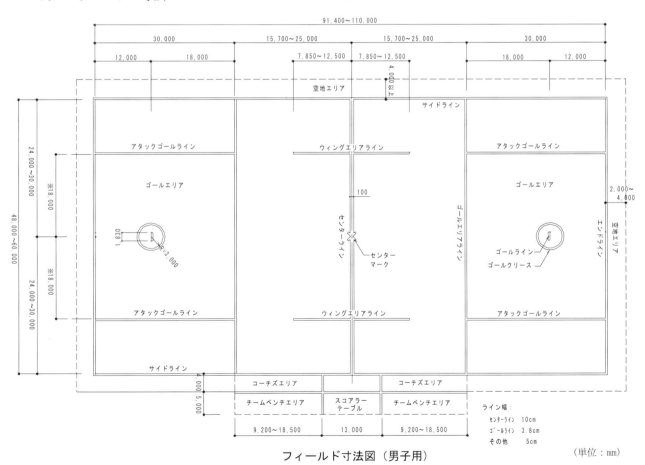

フィールド寸法図（男子用）

(単位：mm)

① フィールドの大きさ

　ラクロスのフィールドは長方形で、長さ110m（91.4m～110m）×幅60m（48m～60m）である。フィールドの寸法はラインの内側から測定する。

② ライン

　ラインの幅はセンターラインは10㎝、ゴールラインはゴールのパイプと同じ3.81㎝で、他は全て5㎝となる。

　ラインの色は白で、フィールドに他のラインが引かれているときは、他のラインと識別できる一色で描く。

③ フィールドの中心

　センターライン上の両サイドから等距離の位置に×（バツ）マークを印し、このマークをセンターとする。

④ ゴールクリース

　2つのゴールの周りにはゴールクリースとして、円をはっきり描かなくてはならない。この円はゴールラインの中点を中心として引き、その半径は3ｍである。ゴールクースエリアは2つのゴールの周りの円い領域で、ゴールクリースのラインを含む。

⑤ ゴールエリア

　フィールドのどちらの側にも、ゴールラインとセンターラインの間でゴールラインから18ｍのところに、サイドラインからサイドラインへ1本のラインを引く。このラインをゴールエリアラインとし、ゴールエリアラインとエンドラインの領域（ライン自体は除く）をゴールエリアとする。

　フィールドの両サイドにゴールを中心とし、ゴールラインから18.3ｍのところに32ｍの長さのラインを引き、この内側エリアをアタックゴールエリアとする。

⑥ ウイングエリア

　ゴールラインの中心を結んだ仮想のラインの両側18ｍの位置に、センターラインの両側にサイドラインに平行なラインを12.5ｍの長さで引き、このラインをウィングエリアラインとする。

　ウィングエリアラインとサイドラインの間の領域、そしてウィングエリアラインの先端までで囲まれた領域（それらのラインを除く）をウィングエリアとする。

⑦ サブスティテューションエリア

　サブスティテューションエリアはタイマーズテーブルの側の2つのライン（サブステューションエリアライン）によって示す。これらのラインは長さ9ｍで、サイドラインに垂直にフィールドの外側に向けて、かつセンターラインから6.5ｍの位置のサイドライン上から引く。

　サブスティテューションエリアラインによって挟まれた部分のサイドラインは13ｍとなり、これをゲートと呼ぶ。

　サブステューションエリアの後方は、2つのサブスティテューションエリアライン間のラインにより示され、そのラインは、サイドラインに平行に4ｍ離れた位置に引かれる。

⑧ ベンチエリア

　ベンチエリアは、サブスティテューションエリアラインとゴールエリアラインとの仮想の延長線で囲まれたフィールドの外側の領域のことである。

⑨ コーチズエリア

　サイドラインとサイドラインから4ｍ離して平行に引いたライン、サブスティテューションエリアラインおよびゴールエリアラインの仮想の延長線とで囲まれた領域をコーチズエリアとする。

2）フィールドの方位

　特に規定はない。

3）フィールドの勾配

　特に規定はないが、排水を考慮して通常は0.3％〜0.7％程度にする。兼用グラウンドの場合は、他の競技の規則も考慮する。

4）サーフェスの材質

　特に規定はなく、クレイ系舗装、天然芝、人工芝のフィールドが多く使用されている。

5）競技施設

①　ゴール

　2つのゴールは、垂直に立てた2つのゴールポストを横棒（クロスバー）でつなげたものからなる。このゴールポストの間隔は1.83mで、クロスバーは地面から1.83mの高さにある。（寸法は全て内法）　※ゴールポストならびにクロスバーは、以降「パイプ」として総称する。

　ゴールは両サイドラインの中央部分、各エンドラインから12mのところに置く。

　パイプはオレンジ色で外径約5cm、内径3.81cmの金属の円筒からなり、地面に固定されなければならず、ゴールポストはその地面に接する部分のパイプが見えないように埋め込まれるか、1.27cm以下の厚さの金属の棒で支持されていなければならない。

　ゴールはポールがゴールマウスに入る時に再度フィールドに戻らない形式で構成される。

②　ゴールネット

　2つのゴールはボールが通り抜けることがないように、ピラミッド型のネットを付けねばならず、ネットの網目は3.81cmを超えてはならない。

　ゴールネットの中心はゴールラインの中心から2.13m後方の地面に固定する。（パイプとゴールネットをあわせてケージと呼ぶ。）

　ゴールネットの色は1色であればよい。

③　タイマーズテーブルとベンチ

　タイマーズテーブルはサイドラインから少なくとも5m離して設置する。

　相対するチームのベンチはタイマーズテーブルの両側に少なくとも10m離し、かつサイドラインから少なくとも7m離してサイドラインに平行に設置する。

④　ペナルティボックス

　ペナルティボックスとは、タイマーズテーブルの側に両チームに与えられた2つずつの席のことを示す。

(3) 女子ラクロスのフィールドと競技施設

1) フィールドの寸法

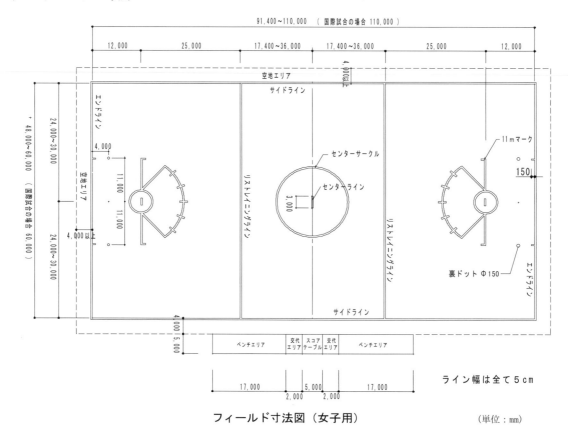

フィールド寸法図（女子用）　　　　　（単位：mm）

① フィールドの大きさ

　　プレーイングエリアはラインで囲まれた四角で、縦91.4〜110m、横48〜60mである。フィールドの四隅は4つのコーンを置きコーンマークとして示してもよい。

　　国際ラクロス連盟（FIL）の試合では縦110m、横60mのプレーイングエリアが使われる。

　　チームベンチのサイドラインは、スコアラーテーブルから4mの距離をとり、反対側のサイドラインと観客席とは2mの距離をとる。

　　エンドラインと、木、茂み、陸上トラック、フェンス、観客席砂場等の自然や人工の物体とは、2〜4mの距離をとる。

　　観客はサイドラインから最低4mの距離をとる。

② ライン

　　フィールド上のマーキングラインの幅は5.1cm。

　　全てのラインは白色であることが推奨される。ルール外のマーキングやラインは追加してはならない。

③ センターライン、センターサークル、ゴールライン、リストレイニングライン

　　フィールド中央には、半径9m（中心〜円の外側）のセンターサークルが引かれ、センターサークルの中央を通る長さ3mのセンターラインがゴールラインに平行に引かれる。

　　フィールドの両エンドの前方にゴールラインが引かれる。両ゴールラインは、ゴールポストの間に長さ1.83mでエンドラインと平行に引かれ、67.4m以上離れていること。

　　各ゴールラインの後ろには縦12m（ゴールラインの後ろからエンドラインの内側まで）、横幅

はフィールド幅のプレーイングエリアが設けられる。

　リストレイニングラインは各ゴールラインから25m（ゴールラインの後方～ミッドフィールド側まで）の距離に、ゴールラインと平行にフィールド両端まで引かれる。

④　ゴール周辺のライン

・ゴールラインの周りのゴールサークル

　ゴールライン中央の後ろ側端からゴールサークル線外側端までの半径は3m

・11m円弧

　11m円弧の両端の線とゴールラインの延長線のなす角度は、どちらも45度。

　ゴール周辺のラインの書き方の詳細は、（公財）日本ラクロス協会の「公認競技用ルールブック」に詳しい記載がある。

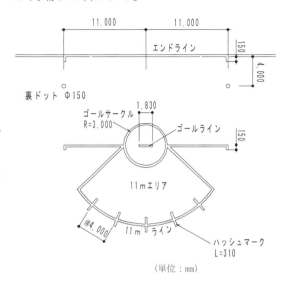

（単位：mm）

2）フィールドの方位

　特に規定はない。

3）フィールドの勾配

　特に規定はないが、排水を考慮して通常は0.3%～0.7%程度にする。兼用グラウンドの場合は、他の競技の規則も考慮する。

4）サーフェスの材質

　プレーイングエリアは平坦な地で、石、ガラス、突き出ている物体があってはならない。」との記載以外の規定はなく、クレイ系舗装、天然芝、人工芝のフィールドが多く使用されている。

5）競技施設

①　ゴール

　ゴールは、2つの水平なポスト/パイプが上部の強固なクロスバーによってつなげられたもので、両側ポスト間の幅、地面から上部のクロスバーまでの高さともに1.83m（いずれも内寸法）である。

　ポスト/パイプは5.1cm四方の角柱か直径5.1cmの円柱で、色は銀、白、オレンジのいずれかであること。

　設置型のゴール使用時は、ゴールの両脇と中央後ろ部分は全ての範囲にわたってリバウンドを防ぐ材質で覆うことを推奨するが、地面に接するパイプが平な板状であるか角度の着いたパイプの場合はその限りではない。またゴールの四隅に、ボールが入るのを阻止するような補助器を付けてはならない

②　ゴールネット

　ゴールネットは、コットン素材のメッシュもしくはナイロン素材でマス目が4cm以内のものを使用する。

　ゴールネットはボールのリバウンドを防ぐために付けられ、ポスト/パイプ、クロスバー、ゴールライン中央から2.1後方の地上のポイントに強く結ばれる。

ゴール裏を支える器具を付ける場合、ゴーリーがゴールサークル後方で自由に動けるようにすること。

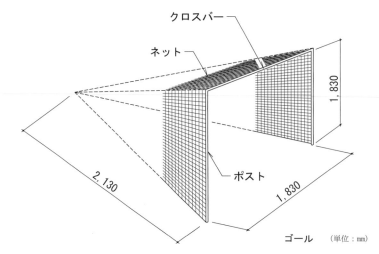

③　スコアラー/タイマーテーブル、交代エリア、ベンチエリア

　　スコアラーとタイマーのテーブルは５ｍ×５ｍで、サイドラインから４ｍ離れたチームベンチ側に置かれる。

　　各チームの交代エリアは、スコアラーとタイマーの机から各々４ｍ離れた箇所のコーンで示された２つの４ｍ×５ｍ四方のエリアに設置される。

(4)　その他

1）国内ルール・国際ルールの違い

　　国内ルールは、FIL（国際ラクロス連盟）制定の国際ルールに準拠しているが、国内の現状を考慮して、条項によっては若干の変更を加えて運用しているため、各大会規約などでの差異はある。

2）参考文献

　　日本ラクロス協会公認男子競技用ルールブック　2020年版：（一社）日本ラクロス協会

　　日本ラクロス協会公認女子競技用ルールブック　2020年版：（一社）日本ラクロス協会

13. バスケットボール

(1) バスケットボールコートの寸法および規格

1）バスケットボールコートの寸法
 ・プレーイングコート（コート）は、障害物のない長方形の平面とする。
 ・コートの大きさは、境界線の内側ではかって縦28m、横15mとする。

　各国バスケットボール協会（連盟）は、それぞれの国内のゲームにおいては、縦28m、横15mのコートを使用することができない場合は、縦26m以上、横14m以上の現存するコートを使用することができる。（国際競技規則）

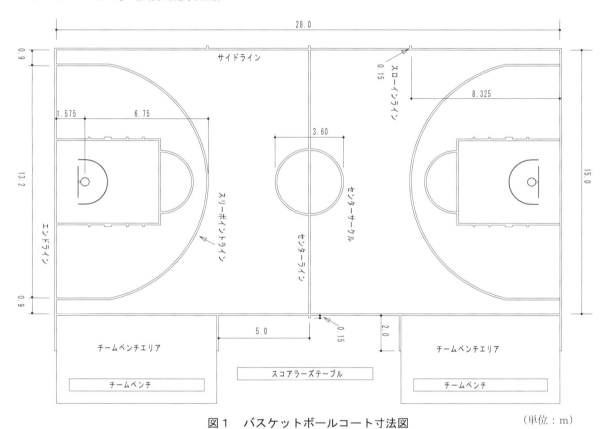

図1　バスケットボールコート寸法図　　　（単位：m）

2）ライン（境界線）
　すべてのラインは幅5cmとし、白色ではっきりと見えるように描かれていなければならない。
　コートは2本のエンドライン（コートの短い側のライン）および2本のサイドライン（コートの長い側のライン）で囲まれている（図1）。これらのラインはコートには含まれない。
　チームベンチにすわっている人を含むすべての障害物は2m以上離れていなければならない。
① センターサークル
　センターサークルは、円周の外側までが半径1.80mである円をコートの中央に描く（図1）。
② センターライン
　センターラインは、両エンドラインと平行に両サイドラインの中央を結ぶ。センターラインの両端はサイドラインより外側に0.15m延長する（図1）。

③　ツーポイント／スリーポイントフィールドゴールエリア

　　チームのツーポイントフィールドゴールエリア（以下、ツーポイントエリアという）とは、相手チームのバスケットに近い、次に示すラインで区画された（ラインを含む）コートの部分をいう。

・外側の縁までの距離がサイドラインの内側の縁から0.90mとなるようにエンドラインと直角に書かれた2本の平行な直線と、そのライン（直線）との交点まで描いた相手チームのバスケットの真下を中心とする円周の外側までが半径6.75mの半円の一部

・エンドラインの内側の縁から半円の中心までの距離は1.575mとし、これらで表されるラインをスリーポイントラインという。

・1チームのスリーポイントフィールドゴールエリア（以下、スリーポイントエリアという）とは、コートのツーポイントエリアを除いた部分をいう。
　　スリーポイントラインはスリーポイントエリアには含まれない。

④　フリースローライン、制限区域、フリースローをおこなう半円（図2）

　　フリースローラインは、エンドラインと平行で、エンドラインの内側からフリースローラインの遠いほうの縁までの距離は5.80mとし、ラインの長さは3.60mとする。フリースローラインの中央は両エンドラインの中央を結ぶ線上にあるものとする。

　　制限区域は、次のラインで区画されたコートの長方形の部分をいう［②、③はラインを含む］。

・エンド・ライン

・フリースローラインおよびフリースローラインを両側に0.65mずつ延長したライン
　（ライン全体の長さは4.90mとなる）

・エンドラインの中央から左右2.45mの点とフリースローラインを延長したラインとの交点まで、エンドラインと直角に描かれた2本の直線（寸法はラインの外側までとする）

　　エンドラインを除いて、制限区域を区画するラインは制限区域の一部である。

　　フリースローシューターがフリースローを行う半円は、フリースローラインの中央を中心として円弧の外側までが半径1.80mになるように制限区域の外側に描く。フリースローのときにリバウンドに参加するプレイヤーが制限区域に沿って占めるリバウンドの位置を定めるラインは、図2に示すとおりにする。

⑤　チームベンチエリア（図1）

　　チームベンチエリアとは、次のラインで区画されたコートの外の部分をいう。

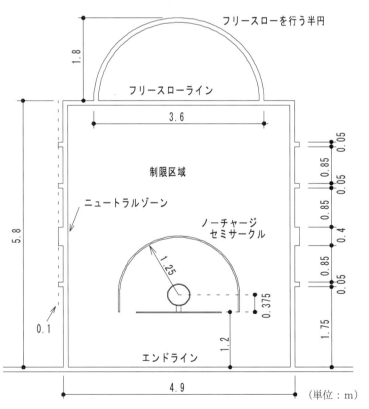

図2　フリースローライン、制限区域、フリースローを
おこなう半円、ノーチャージセミサークル

- スコアラーズテーブルに近いほうのサイドライン
- センターラインから5mのところにサイドラインと直角に描かれた長さ2m以上のライン
- エンドラインを2m以上延長したライン

　それぞれのチームベンチエリアには、コーチ、アシスタント、コーチ、交代要員、5回のファウルを宣せられたチームメンバー、チーム関係者のために適当な数の席（椅子）が用意されていなければならない。

　上記以外の人は、競技時間中チームベンチエリアにいることはできず、チームベンチから2m以上離れていなければならない。

　（国際競技規則）コートを描くときは、次のようにしなければならない。

- 競技規則どおりに、幅5cm以上の部分をコートと対照的な色で塗ること
- コートの周囲幅2m以上の部分を、コートと対照的な色で塗ること。その色は、センターサークルおよび制限区域と同じ色でなければならない。

　観客席は、コートの境界線の外側の縁から5m以上離れたところに設置しなければならない。

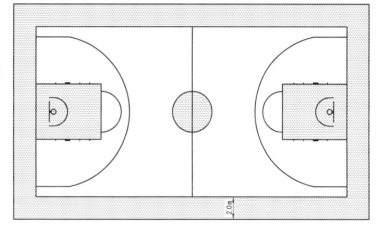

FIBAの主な公式大会におけるコート

３）天井の高さ

　天井の高さまたは天井についている障害物までの高さは、床から7m以上なければならない。

４）年齢等によるコートの基準

　年齢等によってコートの寸法の基準に違いを設けてはいないが、中学校の体育館などは公式大会用の寸法が取れない場合が多い。したがって、実状としては下図のような場合がある。

※　ミニバスケットは別途競技規則書を設けてあり、それに準ずる。（コートの寸法以外に、ボールやゴールも異なる。

公式（高校生以上）	15.00m × 28.00m
中　学　校　程　度	14.00m × 26.00m
※ミニバスケット	12.00〜14.00m × 22.00〜24.00m

(2)　サーフェスの材質

　バスケットボール競技規則では「水平で硬い表面の床」とされている。一般的には屋内競技だが、学校体育施設では屋外の全天候舗装コートなども使用されている。

（国際競技規則）

　FIBAの公式大会や、ほかのすべての国際大会においては、フロア（床）の表面は木（木材）か合成素材とされている。

　また、フロアは固定式・可動式のどちらの方式のものでもよい。

(3) 競技施設

競技施設には、バックストップユニットをはじめ、ユニットを構成するバックボード、バスケット、バックボードサポートがあるが、これらの詳細は（公財）日本バスケットボール協会の「バスケットボール用具・設備規格及びメンテナンス基準」を参照されたい。

ここでは、公式大会に使われる屋内用の移動式バックストップユニットと、学校体育や公園などで使用される固定式の例を示す。

バックストップユニットの例
（屋内用）

バックストップユニットの例
（屋外用：単柱固定式）

(4) 照　　明

1）照明はコートの表面を十分にむらなく照らすものとし、プレイヤーや審判、テーブル・オフィシャルズがまぶしくないように配置しなければならない。

2）フロアの表面は、照明が反射してまぶしくならないようにしなければならない。

（国際競技規格）

① コート上を照らす照明は、床から1.5mの高さのところで1500ルックス以上とする。

この明るさは、テレヴィジョン放送に必要なものである。

それぞれのレヴェルの大会における明るさに関する詳細な数値は、「Official Basketball Rules, Basketball Equipment」を参照すること。

また、照明器具は、それぞれの地域の電力関係の安全基準をみたしていなければならない。

② すべての照明は、できるだけまぶしくないように、また影などがむらにできないように、正しい位置に取り付けなれなならない。

③ 「Level 1」の大会においては、フロア内に、写真撮影用のストロボ照明システムを設置しなければならない。

ストロボ照明システムについての詳細は、「Official Basketball Rules, Basuketball Equipment」を参照すること。

④ 個人用のストロボ照明やフラッシュの使用は禁止する。

⑸　そ　の　他

1 ）国民体育大会　競技施設基準

「第77回国民体育大会競技施設基準」　第77回国民体育大会準備委員会

規定の屋内コート10面　2会場以上にわかれてもよい

体育館の天井の高さは10m以上が望ましいが、7m以上あればよい。

2 ）参考文献

『2021バスケットボール競技規則』：（公財）日本バスケットボール協会

2021バスケットボール競技規則の変更点について　：同　協会ホームページ

14. バレーボール　6人制

(1)　バレーボールコートの寸法および規格

1）コートの寸法と周囲（フリーゾーン）の広さ

　　コートは18.00m×9.00mの広さを持つ長方形で、少なくとも3.0m（公式国際大会はサイドライン側が5m、エンドライン側が6.5m）の幅のフリーゾーンで囲まれる。

　　国内の各種別の大会には、別表の特別競技規則が適用される。

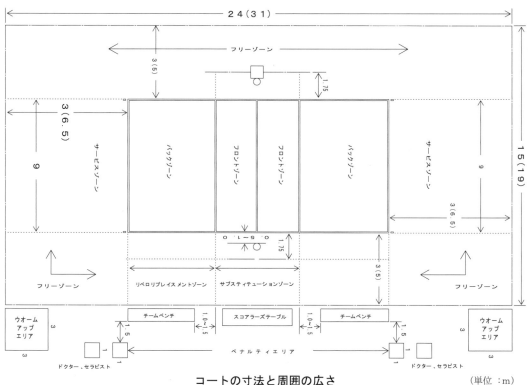

コートの寸法と周囲の広さ　　　　　　　　　（単位：m）

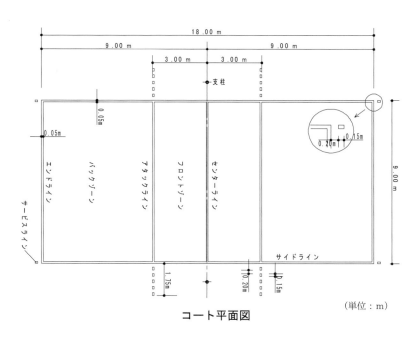

コート平面図　　　　　（単位：m）

（注）小学生を対象とする大会では、特例としてコートは16m×8m、アタックラインは、センターラインの中央より2.7m、サービスゾーンの幅は8mとする。

2）天井の高さ

　　自由競技空間は、競技場の上方に障害物が一切無い空間であり、競技場の表面から最小限 7.00
　ｍの高さがなければならない。

　　国際バレーボール連盟主催の世界大会および㈶日本バレーボール協会主催の競技会では、競技エ
　リアの表面から 12.5 ｍ以上とする。

3）ラ　イ　ン

　　すべてのラインの幅は 5 ㎝である。それらのラインは明るい色で、また床や他のラインとも異なっ
　た色でなければならない。

　　固形の素材を用いて、コートのラインとすることは禁止される。

　　コートは、2 本のサイドラインと 2 本のエンドラインによって区画される。両サイドラインおよ
　びエンドラインは、コートの寸法の内側に引かれる。

　　アタックラインは、どちらのコートでも、そのライン幅の後端がセンターラインの幅の中心から
　3 ｍとなるように引く。アタックラインによりフロントゾーンを区画する。

4）コートのゾーンとエリア

　①　フロントゾーン

　　　フロントゾーンは、それぞれのコートで、センターラインの幅の中心からアタックラインの幅
　　の後端により区画される。

　　　フロントゾーンは、サイドラインの外側に、フリーゾーンの端まで広がっている。

　②　サービスゾーン

　　　サービスゾーンはそれぞれのエンドラインの後方に位置する 9 ｍの幅を持つ区域である。

　　　サイドラインの延長線上に、エンドラインから 20 ㎝離れ、15 ㎝の長さで引く 2 本の短いライ
　　ンにより両端を限定する。

　　　両方の短いラインは、サービスゾーンの幅に含まれる。

　　　サービスゾーンの奥行きは、フリーゾーンの端まで広がっている。

　③　選手交代ゾーン（サブスティチューションゾーン）

　　　選手交代ゾーンは、両方のアタックラインの記録席までの延長により区画される。

　④　ウォームアップエリア

　　　FIVB 世界大会では、ウォームアップエリアがそれぞれのベンチ側フリーゾーンの外側のコー
　　ナーに、約 3 ｍ×3 ｍの広さで設けられる。

　⑤　ペナルティーエリア

　　　ペナルティーエリアは、それぞれのエンドライン延長線上の外側でコントロールエリア内に約
　　1 ｍ×1 ｍの広さで、2 脚の椅子を用意し設けられる。ペナルティエリアは 5 ㎝幅の赤いライン
　　で区画される。

　　　リベロリプレイスメントゾーン

　　　リベロリプレイスメントゾーンは、チームベンチ側のフリーゾーンの一部であり、アタックラ
　　インの延長からエンドラインの延長により区画される。

5）コートの表面

　　表面は水平で、均一でなければならない。選手に負傷の危険がおよばないものでなければならな

い。粗い表面、または滑りやすい表面でプレーすることは禁止される。

6）コートの勾配

　屋外コートでは、水はけのため1mにつき5mmの傾斜が許される。固形の素材を用いて、コートのラインとすることは禁止される。

7）国内ルール・国際ルールの違い

　次表に示す違いは、世界バレーボール協会の主催する世界大会におけるルールとの違いである。また、ネットの高さなどについては、国内だけの特例がある。（4．その他の頁を参照のこと）

項　　目	内　　容	国内ルール	世界大会ルール
フリーゾーン	サイドラインから最小限	3m	5m
	エンドラインから最小限	3m	6.5m
天井の高さ	競技場の表面からの高さ	7m以上	12.5m以上
競技場の表面	表面は水平かつ均一（負傷の危険のあるもの、粗いまたは滑りやすいものは不可）		
	世界大会−木製または合成材表面で、前もってFIVBの承認が必要		
競技場の気温	最低温度	10℃（50°F）	16℃（61°F）
	最高気温	---	25℃（77°F）

競技場の湿度		60%以下	
競技場の色	室内	---	コート内はオレンジ
		---	フリーゾーンはグリーン
ラインの色		明るい色で床や他のラインと異なる	白
競技場の明るさ	世界大会…競技場の表面上1mの高さで1000〜1500ルックス		
ウォームアップエリア	世界大会…フリーゾーンの外側の両ベンチ側コーナーに3m×3mのウォームアップエリアが必要		
役員・関係者の部屋	世界大会…26室以上が必要		

(2)　サーフェスの材質

1）材　　質

　競技規則にサーフェスの材質の規定はないが、FIVB世界・公式大会で許可されるのは、事前にFIVBの承認を得ている木製または合成材の表面だけである。

2）色

　室内コートでは、コート面は明るい色でなければならない。FIVB世界・公式大会では、ラインは白色、それ以外のコート、フリーゾーンはそれぞれ異なった色で区別する必要がある。

(3) 競技施設

1) ネット支柱

ネットの支柱は、サイドラインの外側0.50～1mの位置に設置する。2.55mの高さで、高低の調節が可能なものとする。

全てのFIVB世界・公式大会では、ネットの支柱はサイドラインの外側1mの位置に設置し、パッドで保護する。

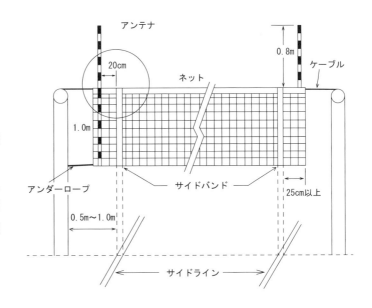

2) ネットと付属品

ネットは縦幅1mで、長さは9.5～10m（サイドバンドの外側は両端各25～50cm）で、10cm角黒い網目で作られている。ネットの上部には、7cm幅で二つ折りの白いキャンバス地の水平な帯（白帯）が、全長にわたり縫い付けられ、ネットの上部を強くしっかりと支柱に固定するため、ひもを通す穴が白帯の両端に開けられている。

ボールの許容空間の横の限界を定めるため、ネットの両サイドバンドの外側には、長さ1.80m、直径10mmのアンテナが取付けられている。

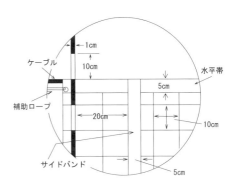

(4) そ の 他

1) 国内の大会に適用される特別競技規則

付 則	内 容		
1	小学生を対象とする大会では、特例としてコートは16m×8m、アタックラインは、センターラインの中央より2.7mサービスゾーンの幅は8mとする		
2	湿度は60%以下とする		
3	ネットの高さ	高等学校男子　2.40m	都道府県予選会のみに適用 ブロック大会および全国大会は、規定の高さを適用
		高等学校女子　2.20m	
		中学校　男子　2.30m	
		中学校　女子　2.15m	
		小学生男・女　2.00m	
4	ネットの幅	1mとするが、強く張ったとき、±3cmの許容範囲が認められる	
5	ボールの規定	省　略	

2) 国民体育大会　競技施設基準

『第77回国民体育大会　競技施設基準』：第77回国民体育大会準備委員会
規定の屋内コート8面。ただし、2会場以上に分かれてもよい。

体育館の天井の高さは10ｍ以上が望ましいが、７ｍ以上あればよい。

3）参考文献

『2020年版バレーボール６人制競技規則』：（公財）日本バレーボール協会

体育館の天井の高さは10ｍ以上が望ましいが、７ｍ以上あればよい。

15. バレーボール　9人制

(1) バレーボールコートの寸法および規格

1) コートの寸法

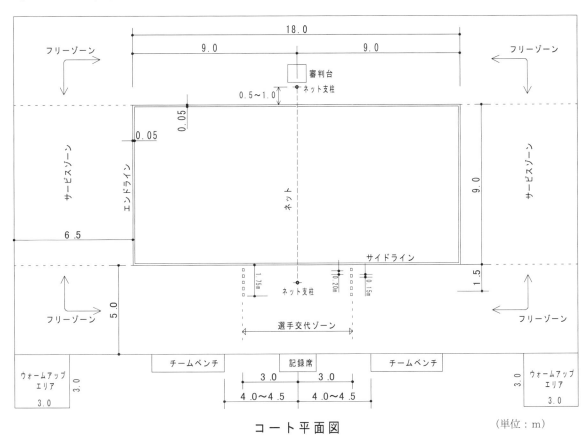

コート平面図

（単位：m）

2) 競　技　場

競技場とは、長方形で左右対称なコートおよびフリーゾーンを含む区域をいう。

3) コ　ー　ト

コートを区画するラインは、コートの表面と明瞭に異なる色のものとする。

フリーゾーンは、最小限サイドラインから5m、エンドラインから8mの広さがなければならない。

サービスゾーンは、エンドライン後方のフリーゾーンで、サイドラインの想像延長線のラインを含む内側の区域をいう。ウォームアップエリアは、およそ3m×1.5mの大きさで、フリーゾーン外側の両方のベンチ側コーナーに設けた区域をいう。

コートの長さと幅、ネットの高さ

種　　別		長さ	幅	ネットの高さ
男子	一般	21m	10.5m	2.38m
	高校	21m	10.5m	2.25m
	中学	20m	10m	2.15m
女子	一般	18m	9m	2.15m
	高校	18m	9m	2.05m
	中学	18m	9m	2.00m
小学校男女		16m	8m	1.90m
家 庭 婦 人		18m	9m	2.05m

4 ）天井の高さ

　競技場の表面から最小限 7 m の高さまでの空間には、ネット、支柱、審判台を除き一切の障害物もあってはならない。（JVA主催競技会では12.5m）

5 ）競技場の表面

　競技場の表面は、凹凸がなく水平で均一なものとする。荒れたり、滑りやすい表面で、競技者が負傷する恐れのあるものであってはならない。

（2） サーフェスの材質

　競技規則に、サーフェスの材質の記載はない。

（3） 競技施設と照明

1 ）ネット支柱

　コートを二等分する線上で、それぞれサイドラインの外側50㎝から 1 mの間に固定する。その支柱を固定するためにワイヤーなどを使用してはならない。

　支柱には、危険防止のためにカバー等を取り付ける。

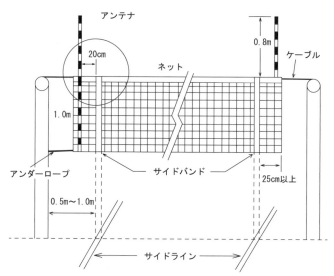

2 ）ネットの規格

　ネットは、幅 1 mで、両サイドラインの外側に25㎝以上張れる長さがあり、黒色の網目10㎝四方のものでなければならない。上端にはケーブルを通し、その上から幅10㎝の白布を二つ折りにしてネットの両面に 5 ㎝幅で全長にわたって縫い付ける。

　ネットは、コート面に垂直に、かつ、コートを二等分するように、両支柱に強く張り固定する。この場合、ネットの幅は+ 3 ㎝以内の許容範囲を認める。

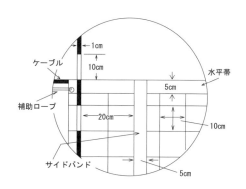

3 ）照　　　明

　競技場の明るさは、コートの表面から面上 1 mの高さで1,000〜1,500ルックスの範囲とする。

4 ．そ の 他

1 ）国民体育大会　競技施設基準

　　『第77回国民体育大会　競技施設基準』：第77回国民体育大会準備委員会

　　　規定の屋内コート 8 面。ただし、 2 会場地以上に分かれてもよい。

体育館の天井の高さは10ｍ以上が望ましいが、７ｍ以上あればよい。

2）参考文献
　　　『2020年版バレーボール９人制競技規則』：（公財）日本バレーボール協会

16. ハンドボール

(1) ハンドボールコートの寸法および規格

1) ハンドボールコートの寸法

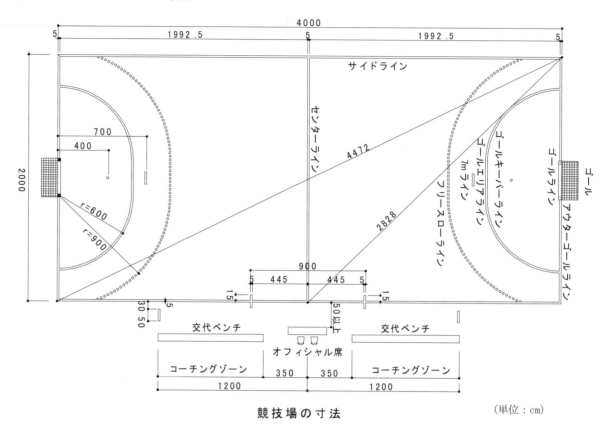

競技場の寸法

(単位：cm)

　コートは長さ40m（小学生の場合は36mが標準）、幅20mの長方形で、2つのゴールエリアと1つのプレーイングエリアで構成される。長い辺をサイドラインと呼び、短い辺のうち2本のゴールポストの間をゴールライン、ゴールの両外側をアウターゴールラインと呼ぶ。

　（参考）コートの対角線の長さ

　① コートのコーナー〜対角のコーナー（外側〜外側）　　　　　44.72m

　② コートのコーナー〜対角のセンターラインの中線（外側〜外側）　28.28m

2) ハンドボールコート周囲のスペース

　コートの周囲には、サイドラインに沿って幅1m以上、ゴールラインの後方に幅2m以上の安全地帯を設けなければならない。

3) ライン、エリア

　コート上のすべてのラインは、そのラインが囲む領域に属する。2本のゴールポストの間のゴールラインは幅8cm、それ以外の各ラインはすべて幅5cmとする。隣接する領域を区画するラインの代わりに、床の色を変えることもできる。

　① コート

　　競技場のゴール以外の部分を指す。

② ゴールエリア

　　ゴールエリアで区画された、ゴールキーパーだけが入ることが許される地域。

③ ゴールエリアライン

　　各ゴール前にゴールエリアを置く。ゴールエリアライン（6mライン）はゴールエリアの境界を示し、次の要領で引く。

　(a) ゴールの正面に引いた3mの直線：ゴールラインから（ゴールラインの後端からゴールエリアラインの前端まで測って）6m離れたところに、ゴールラインと平行に引く。

　(b) 2つの四分円弧：（ゴールポストの後内側の角を中心とした）半径6mの円弧で、長さ3mの直線とアウターゴールラインを結ぶ。

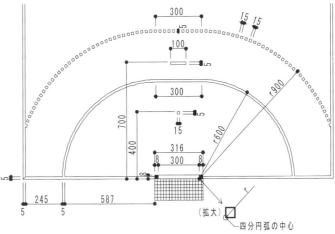

フリースローライン内側の寸法　　（単位：cm）

④ フリースローライン

　　フリースローライン（9mライン）は破線で、ゴールエリアラインより3m外側に引く。線の長さも、その間隔も15cmとする。

⑤ 7mライン

　　7mラインは、ゴール正面に引いた長さ1mの直線である。ゴールラインから（ゴールラインの後端から7mラインの前端まで測って）7m離れたところに、ゴールラインと平行に引く。

⑥ ゴールキーパーライン

　　ゴールキーパーライン（4mライン）は、ゴールの正面に引いた長さ15cmの直線である。

　　ゴールラインから（ゴールラインの後端から4mラインの前端まで測って）4m離れたところに、ゴールラインと平行に引く。

⑦ センターライン

　　センターラインは、2つのサイドラインの中点を結ぶ。

⑧ 交代ライン

　　各チームの交代ラインは（サイドラインの一部で）、センターラインから4.5mの距離を示すポイントまでである。センターラインと平行に、サイドラインの内側と外側にそれぞれ15cmの長さで引いたラインで、交代ラインの終点を明示する。

4）交 代 地 域

　　交代地域は、サイドラインの外側で、センターラインの延長線から左右方向に各チームベンチの終端までであり、場所に余裕があるときはベンチの後方も含む。

　　センターラインから3.5mの位置に、チームベンチの始端を設置する。この位置は「コーチングゾーン」の始端でもある。

　　国内における「コーチングゾーン」とは、センターラインから12mを終端とし、この領域を明確にするためにラインを引く。このラインは、サイドラインの外側から30cmの距離に、サイドラインに対して垂直に50cmの長さで引く。

　　チームベンチ前のサイドライン付近（センターラインから少なくとも8m）には、いかなる物も

置いてはならない。

　タイムキーパーとスコアキーパーが交代ラインを注視できるように、オフィシャル席と交代ベンチを設置しなければならない。交代ベンチよりもオフィシャル席をサイドラインに近づけて設置するが、サイドラインより50㎝以上離さなければならない。

(2)　サーフェスの材質

　競技規則に材質の規定はないが、一方のチームが有利になるようにコートの特性を変えてはならないとされている。

　本来インドアの競技で、木質の床や樹脂系舗装などが使用されているが、屋外では全天候舗装等が用いられている。

(3)　競技施設

1）ゴ　ー　ル

　ゴールは、（公財）日本ハンドボール協会競技用具検定規程に適合していなければならない。

　ゴールは各アウターゴールラインの中央に設置し、床またはゴール後方の壁面にしっかりと固定しなければならない。ゴールの寸法は内のりで高さ2ｍ、幅3ｍで、枠は長方形でなければならず、内のりの対角線の長さは360.5㎝となる。（360㎝以上361㎝以下で、1つのゴールにおいて誤差は0.5㎝以内でなければならない）。

　ゴールポストの後面はゴールライン（およびアウターゴールライン）の後端に一致し、したがってゴールポストの前面はアウターゴールラインより3㎝前に位置することになる。

2）ゴールネット

　ゴールネットの奥行きは、上部でゴールラインから後方に0.9ｍ、下部で1.1ｍ、誤差はいずれも0.1ｍで、網目は10×10㎝以下でなければならない。

　少なくとも20㎝ごとにネットをゴールポストとクロスバーに固定しなければならず、ボールがゴールネットと追加のネットの間に入らないように、2つのネットを互いに結んでもよい。

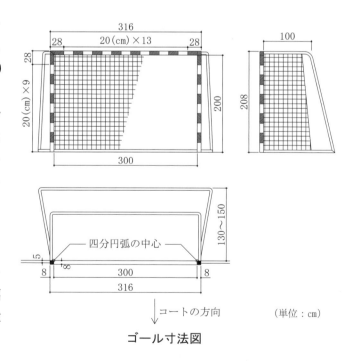

3）防球ネット

　アウターゴールライン中央付近のゴールの後方へ約1.5ｍ離れたところに、幅9〜14ｍ、床から高さ5ｍの垂直な防球ネットを張らなければならない。

（単位：cm）

ゴール寸法図

⑷　そ　の　他

1）照明

屋内では800ルクス以上が必要である。

2）国民体育大会　競技施設基準

「第77回国民体育大会　競技施設基準」：第77回国民体育大会準備委員会

規定の屋内競技場は 6 面。 2 会場地に分かれてもよい。

体育館の天井の高さは10m以上が望ましいが、 7 m以上あればよい。

3）参考文献

「ハンドボール競技規則　2020年版」：（公財）日本ハンドボール協会

17. アーチェリー

(1) 概　　要

日本の弓道に対してイギリスを中心にスポーツとして広まったのがアーチェリー競技である。

アーチェリーの競技にはアウトドアアーチェリー、インドアアーチェリー、パラアーチェリー、フィールドアーチェリー、３Dアーチェリー、クラウトアーチェリー、フライトアーチェリー、ランアーチェリー、スキーアーチェリーの９つの競技種目がある。

アウトドアアーチェリーとインドアアーチェリーはターゲットアーチェリーとして競技場の設営は分類されており、国内の主な競技会では、ターゲットアーチェリー（アウトドア、インドア）、フィールドアーチェリーが行われており、これらとともに３Dアーチェリーの４つ競技場の設営について競技規則には詳細が記載されている。

ここでは、アウトドア・ターゲットアーチェリーの競技場について記す。

１）ターゲットアーチェリー

①　アウトドアアーチェリーラウンド

アウトドアアーチェリーラウンドは屋外のシューティングライン（発射線）からターゲット（標的）までの平坦なグラウンドで行われる競技で、使用する弓の形状によってリカーブ部門とコンパウンド部門とにわかれる。

成人男子は90、70、50、30m、成人女子は70、60、50、30mの距離から矢を放ち、正確性を競う。年齢による種別（クラス）によって射距離は変わり、また個人戦、団体戦、ミックス団体戦などがあり、予選や決勝などのラウンド毎に射数と距離、的の種類などの違いがある。

なお、オリンピック（東京2020大会）における開催競技は、アウトドアターゲットアーチェリーラウンドのみである。

②　インドアアーチェリーラウンド

インドアアーチェリーラウンドは体育館などの屋内で行われる競技である。アウトドア同様、シューティングライン（発射線）からターゲット（標的）までの平坦な競技場で行われ、弓の形状によってリカーブ部門とコンパウンド部門とに分かれる。距離は25m、18mにわかれ、それぞれ的の大きさが異なる。

③　パラアーチェリー

身体に障害のある競技者は、２名で構成される国際クラス分け委員会により種別が決定され、発行され、「クラス分けカード」がその競技者に許される補助用具を示す。

実施されるラウンドは、健常者と同一であるが、VI部門に分類される視覚障害者は、別に独自のラウンドが行われる。

2）フィールドアーチェリーラウンド

　フィールドアーチェリーラウンドは、山の中や草原など自然の地形を生かして標的を24個設置したコースを、1グループ3から4人でゴルフのように回って行射する競技で、弓の形状や使用できるアクセサリーによって、リカーブ、コンパウンド、ベアボウの3部門がある。

3）3Dアーチェリーラウンド

　フィールドアーチェリーラウンドのコースをより挑戦的なコースにて配置された標的を行射する競技である。標的は全て距離を表示せず、種々の大きさのものが使用される。

(2)　アウトドア・ターゲットアーチェリーの競技場

1）施設の寸法および規格（競技場のレイアウト）

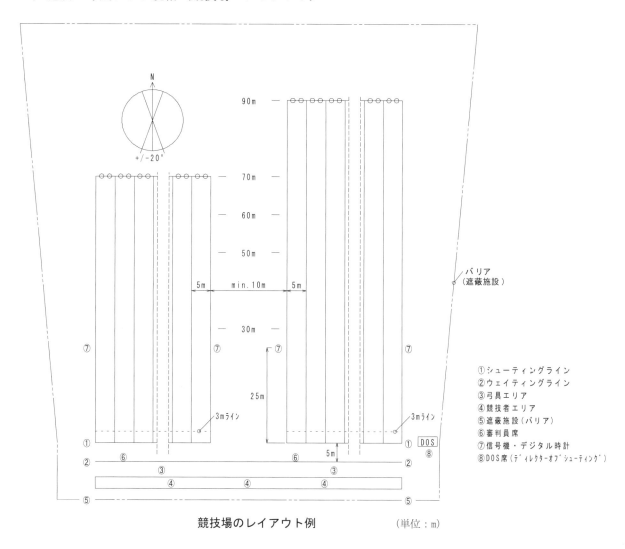

競技場のレイアウト例　　　　（単位：m）

①　競技場は、四角形に区切られ、距離は各標的面の中心の直下の位置からシューティングラインまでを正確に計測する。

　　距離の許容誤差は、90・70・60mで±30cm、50・40・30mで±10cmとする。

②　ウェイティングラインは、シューティングラインの後方5m以上の位置に設置する。メディアラインはウェイティングラインの前方1mの位置に設置する。必要なときには、ダブルウェイティ

ングライン等を設置することができる。

③　標的は10度から15度までの任意の角度（垂直面から標的までの角度）で設置する。ただし1列に並べられた標的は、全て同じ角度とする。

④　競技場内のバット（バットレス）に取り付けられた標的面の中心の高さは、常に一直線に見えるようにする。

⑤　同一カテゴリーの全競技者は、同一競技場内で競技する。

⑥　原則として、1個の標的に3名の競技者が行射するのに必要な数の標的を設置する。
　　競技場の都合で不可能な場合、1個の標的に4名の競技者を限度とする

⑦　各標的に対応するシューティングラインの上に印が付けられ、標的番号に対応する番号板をシューティングライン前方1～2mの間に設置する。2名またはそれ以上の競技者が同じ標的を同時に行射する場合、シューティングライン上に行射する位置の印が付けられ、1競技者について最低80cmの間隔が確保されなければならない。
　　なお車椅子競技者の参加がある場合、さらに広い間隔を必要とする。

⑧　競技場はシューティングレーンで分割し、その中に1個から4個の標的を設置する。このレーンは、シューティングラインからターゲットラインまで、直角のラインを設置して明示する。

⑨　シューティングライン前方3mの位置に3mラインを設置する。

⑩　観客の安全のため、競技場の周囲に適当なバリア（遮蔽施設）を設ける。
　　バリアは標的の後方の人の動き等によって、競技者の集中力を阻害することが無いようなものにしなければならず、90mのターゲットラインの左右の端から20m以上離れた位置に設置するが、シューティングラインの端から10m以上離れた位置まで幅を減少して直線で設置してもよい。（この場合は、標的が移動して30m距離となったときにはターゲットラインから約13mの間隔を保つことができる。）
　　また、このバリアはウェイティングラインの手前では10m以上、90mのターゲットラインの後方は、50m以上なくてはならない。（標的が30mまで移動したとき、安全区域は110mに広がる。）
　　この50mの距離は矢止として効果的なネット、盛土または同様な設備等適切な遮蔽物を標的の後方に設けることによって、減少することができる。（垣根などの矢が通過してしまうものは不可）
　　この遮蔽物は、90mの距離で標的の上を外れた矢を止めるのに充分な高さでなければならない。

⑪　イリミネーションラウンドの標的は、対戦する1対ずつ近接して設置する。

⑫　オリンピックラウンドおよびコンパウンドマッチラウンドでは、イリミネーションラウンドおよびファイナルラウンドの間、競技が進行している間に競技者が練習できるように、競技会場の近くに練習場を併設する。

⑬　団体戦では、シューティングラインの手前1mに、明瞭なラインを設置する。このラインは3cm以上の幅とする。

⑭　団体戦では、1mラインの手前に競技者エリアを設置する。このエリアは3名の競技者およびその用具が収容できる広さとし、さらにその手前のコーチアリアを設置する。広さに余裕があれば、両チームの間に小さな審判員エリアも設置する。

⑮　バットの形状は円形でも四角形でもよいが、得点帯の最外側を外した矢でも、確実にバット上に残る大きさとし、的中した矢を適正に採点できるものとする。

⑯　バットは脚に固定する。脚は風で倒れることを防止するため、杭で地面に確実に固定する。矢を破損する恐れのあるバットの一部分や脚には、覆いをしなければならない。特にバットに2枚

以上の標的面を設置する場合、バットを貫通した矢が支持物に当って破損することが無いよう注意する。

⑰　各バットレスには標的番号を付ける。番号板の高さは、30cm以上とする。この番号板は、各標的の中心の上方または下方に標的面と重ならないように設置する。

2）競技場の方位

　前記の推奨される会場レイアウト図にもあるとおり、標的は北側に設置することを原則とし、競技者が太陽の光を直接目に受けることのないようにする。

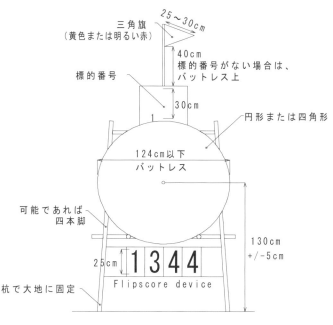

アウトドアターゲットバットの設置（例）

3）競技場の勾配

　勾配そのものの規定は無いが、前記の「競技場内のバット（バットレス）に取り付けられた標的面の中心の高さは、常に一直線に見えるようにする。」とあることから、シューティングラインおよび標的位置は、各々同一レベルであることが原則となる。

4）競技会場の設備と施設

①　競技会場は、以下の施設を明確に分けて設置する。
・専用の競技場（アウトドアアーチェリーの競技は、開けた場所またはスタジアムで行われる。）
・練習場
・観客席および休憩所。観客席は、柵で明確に分けて設置する。

②　各競技者用の競技者番号。

③　全競技者が同時に行射しないときには、行射の順序を表示する装置。

④　原則として6射ごとに少なくとも各種別の上位5位までの累計得点と予選ラウンド通過のための順位および最低点を掲示する大きなスコアボード。

⑤　オリンピックラウンド、コンパウンドマッチラウンド、インドアマッチラウンドでは、個人戦では競技者の氏名または競技者番号を表示し、団体戦ではチーム名を記載したボードをシューティングラインの前方に設置する。

⑥　イリミネーションラウンドでは、各標的の下に3桁の数字の得点表示装置を設置する。

⑦　ファイナルラウンドでは、標的ごとに、1競技者（チーム）に1個ずつ、そのマッチの3射（6射）のそれぞれの矢の得点および累計得点またはセットポイントを表示する遠隔操作のできる得点装置を設置する。

⑧　ファイナルラウンドでは、標的の近くにブラインドを設置する。このブラインドは審判員、スコアラーおよびエージェントが使用する。

⑨　風向きを知るために軽い材料で作られたよく見える色（黄色など）の風見旗を各標的の中央に設置する。その位置はバットまたは標的番号板のいずれか高い方の上端から40cm上方とする。こ

の旗の大きさは25cm以上で30cm以下とする。

⑩　競技場の両端および競技場が左右に分かれる場合、その中間に1個の吹き流しを設置する。吹き流しの高さは2.5mから3.5mとする。

⑪　DOS（ディレクターオブシューティング）のための席が設けられた一段高い台またはテント等。

⑫　拡声装置および無線通信装置。

⑬　ファイナルラウンドの会場または主会場のファイナルエリア以外では、全競技者、チームの監督、コーチおよびその他競技役員のために、ウェイティングラインの後方に充分な数の椅子を設置する。

　予選ラウンドおよびイリミネーションラウンドの会場では、ウェイティングライン付近の審判用の椅子とパラソルなどを設置する。

(3)　そ　の　他

1）国民体育大会競技施設基準

　「第77回国民体育大会　競技施設基準」：第77回国民体育大会準備委員会

　70mの射程距離を有する施設…1か所　（アウトドアターゲットアーチェリーラウンドのみ）

2）参考文献

　「全日本アーチェリー連盟競技規則2020～2021年」：（公社）全日本アーチェリー連盟

　「東京2020大会オリンピックホームページ」：（公財）東京オリンピック・パラリンピック競技大会組織委員会

18. 弓　　　道

(1)　概　　　要

　　古来より狩猟の道具として生まれ、武器としても用いられて来た弓矢は、近年においてはスポーツや武道として人々の間で親しまれ、我が国においても「弓道」として確立されたものとなっている。

　　弓道場は、昔のものは建物は射場だけのものもあり、的場は盛り土した所に的を立てる程度のものであったが、的場にも屋根が設けられるなど時代とともに施設も充実して今日に至っている。

　　公益財団法人全日本弓道連盟で定めている競技種類は近的競技と遠的競技の2種類となっており、それぞれについて競技規則があるが、近的競技は弓を引く側の施設（的場）と的を置く側の施設（的場）がほとんどの場合建物で常設の施設となっているのに対し、遠的競技はおおむね屋外の施設となっているので、一般的に弓道場と言えば近的競技の施設を指すことが多い。

(2)　弓道場（近的競技場）

　　28 mの射距離の的を射る競技が近的競技であり、この競技施設については次のようになっている。（以下弓道場とする）

1）弓道場の寸法および規格
　①　弓道場の構成と名称

　　　弓道場を構成するものには　射場、的場（的場家屋、安土、看的所）、矢取道、矢道、矢除などがあり、付帯するものとしては審判席、観覧席、控え席、用具庫などがある。

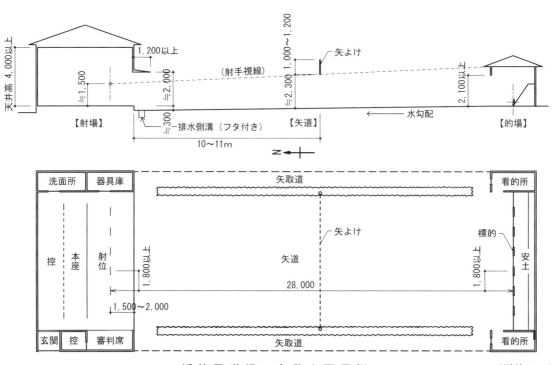

近的弓道場の名称と配置例　　　　　　　（単位：mm）

・射場の床面と、垜敷とは原則として、同一水平面とする。

② 弓道場の方位

　　射場は南向き、または南東の向きがよく、これによって他の施設も方位はおのずと決まってくる。

③ 弓道場の基本施設の寸法ほか

　　基本的な施設として射場、的場（的場家屋、看的所、安土）、矢取道、矢道の4つの施設と、矢除けがあるが、全体の寸法や配置は次のようになる。

④ 各基本施設の詳細

　　a．射　　場　　実際に弓を引く方の施設を「射場」と言うが、その間口、奥行きは施設の目的、規模によって下記を標準とする。

施設の規模	間　口	奥行き（壁まで）
大規模競技施設	20m 以上	8m 以上
中規模競技、日常稽古兼用	12m 程度	〃
日常稽古中心	7m 程度	4.5m 程度

　　・間　　口　　20m 以上……12人以上が同時に行射可能　　　　　（大規模競技会が主目的）

　　　　　　　　　12m 程度……6〜8人が同時に行射可能　　　　　（中規模競技会、日常稽古）

　　　　　　　　　7m 程度……3〜5人が同時に行射可能　　　　　　　（日常稽古中心）

　　・出 入 口　　大規模競技施設の場合、出入口各2ヶ所が望ましい。

　　　　　　　　　中規模競技施設の場合、出入口は1ヶ所でよい。

　　・射　　位　　標的に対し直角線上に規定の距離（近的競技では28m）を決めた一点の位置を射位と言うが、この位置は射場間口より1.8〜2mのあたりに位置することが原則である。また、競技規則では射位における射手相互の間隔を近的競技は180cm以上と定められている。

　　・天 井 高　　標準で2.21m（7尺3寸）の弓を使用することから床上5mの高さが必要である。また、間口の部分の高さは2.3m程度が適当である。

　　・床 面 高　　射場の床面と安土とは、原則として同一水平面とする。（射場の床の高さは、24cmないし30cm程度が好ましい。）

　　・軒　　先　　雨が吹き込んでも床面をぬらさぬよう1.2〜1.5mくらいの軒先が必要である。

　　b．的　　場　　的を立てる側の施設を「的場」と言うが、これには的場家屋、看的所、安土（あづち）などが含まれる。

　　・的場家屋　　的を立てる側の建物で、射位より正確に28mの距離に的が立てられるように位置の決定をする。

　　　　　　　　　間口は射場の間口より両側にそれぞれ50cm程度広く取り、奥行きは3.1〜3.3m程度必要である。

　　　　　　　　　また、屋根の軒高は2m程度がよい。

　　・看 的 所　　的中の是非の観測目的の他に、的や安土の整備道具などの収納場所としても使われる。両側設置が望ましいが、規模などにもより1ヵ所設置の場合は射場から見て左側とする。

　　・安　　土　　通常1.5mくらいの高さで、崩れにくいように適当な傾斜をつける。的の設置位置は「的の中心が地上27cm（下端が地上9cm）にあり、的表面を5°後傾させること」とされている。

　　　　　　　　　近的競技においては「1人1標的の持的」「間隔は180cm以上」とされているので、射手と同じ間隔で的も並ぶことになる。

c．矢道および矢取り道
・矢　　道　　射場と的場の間で矢が通る平たん地の部分で、排水方法に考慮し、水たまりとならないようにする。
・矢取り道　　射場と的場の間の通路部分で、危険防止のために的正面に対し左側とする。
　　　　　　雨天の場合を考慮し、屋根があると便利である。
・矢　除　け　　矢が的場の上を飛び越えないように設置する施設で、設置場所は矢道の中に設置する場合と的場の上部あるいは後方に設ける場合とがあるが、的場付近の設置が望ましい。

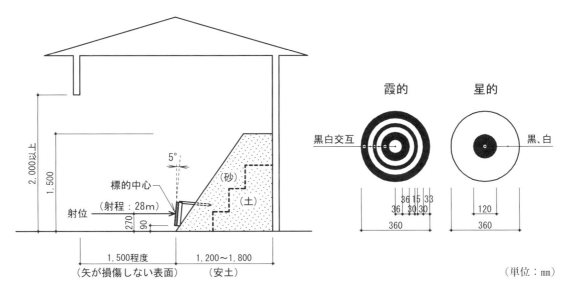

近 的 競 技 場 の 的 場 と 標 的 寸 法 図

2）弓道場各施設の材質について
　　規則で決まってはいないが、主な施設の材質例は下記による。
　　射　　場……木板張り
　　的場の「安土」……中心は土のうや粘性土などの崩れにくい土を築造し、周囲は乾燥防止目的で
　　　　　　　　　　　きめ細かい砂におがくずを20％程度混たもので成形する。
　　矢　　道……芝生や人工芝が多く用いられる。
　　矢除け……板張り又は細目のネット（防矢ネット）などが用いられる。

3）付 帯 施 設
　　付帯施設としては、観覧席（階段式が良い）、審判席（神棚も設ける）、控え室（会議室とも）、更衣室、便所、弓具室（用具庫）、巻藁稽古室、駐車場などがある。
　・弓具室、便所は　射場の射士の背面に設けると使いやすい。
　・審判室は古来より畳であったが、最近は木床等も多い。

4）付 帯 用 具 類
　・標　　的　　近的競技の的は「直径が36cmの円形の木枠（または適当な材料）に紙を張り的絵を描いたもの」とされ、的枠の深さは10cm以上と規定されている。競技が的中制による場合は霞的または星的、採点制による場合は霞的を用いる。
　・巻　　藁　　藁（わら）を堅く束ねたもので、射形の基礎の練習するためと、的に向かう前の準

備運動として使用する。

- ・弓 立 て　　使用中の弓を立てて置く台。行射の邪魔にならない場所に置くか、作り付けにする場合もある。
- ・弓 張 り　　弓を張るとき上はずの支えとするところ。
- ・矢 立 て　　使用する矢をいれる箱。
- ・黒　　　板　　的中を記すための記録板で、白線の引いたものが便利。

(3)　遠的競技場

　60mの射距離の的を射る競技が遠的競技であり、この競技は屋外の仮設的な施設で行われることが多い。具体的には芝生などのフィールドに的を置き、的から60m（男女とも）の距離をもって射位を定め、それらの周囲に審判席や役員席などを配して競技を行う。

　ここでは全体的な配置や的場などについて記す。

1）遠的競技場の寸法および規格
①　遠的競技場の構成と名称
　　遠的競技場を構成するものには、射場、的場、矢除けなどがあり、付帯するものとしては、役員席や観覧席などがある。
②　遠的競技の方位
　　特に決まってはいないが、競技者が太陽の光を直接目に受けることが無いようにし、屋外施設の場合、的は北側に設置することを原則とする。
③　遠的競技場の基本施設の寸法、配置
　　全体の寸法および配置は次の図のようになる。

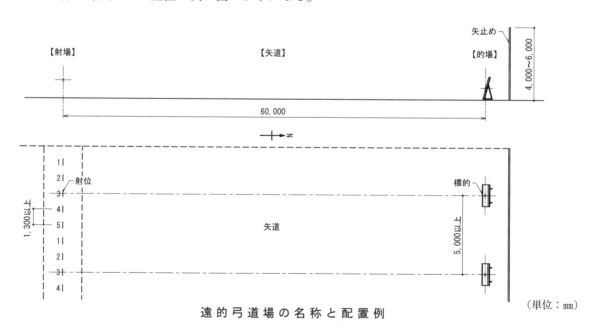

遠 的 弓 道 場 の 名 称 と 配 置 例

（単位：mm）

　遠的競技に使用する標的は直径100cmで、的中制の場合霞的を用い、得点制の場合得点的を使用する。

　的の設置は三脚または四脚のスタンドを設け、的絵の張ったマットをそのうえに乗せる。的の

中心から地平面に降ろした垂線から規定の距離60mの位置に正しく射位をとる。的の高さは地表面から的の中心まで97cmとする。

標的保持の装置は容易に突き抜けないもの（畳など）を使用する。また、風に吹き倒されないようにするとともに、矢の破損を防止しなければならない。

なお、遠的競技の場合に「1つの標的に対する射手の数は、同時に5名を限度」とされており、標的の間隔は「6m以上」となっている。

2）遠的競技場各施設の材質について
規則で決まっていることはない。

3）付 帯 施 設
観覧席や役員席等が挙げられる。

4）付帯用具類
・標的　　的は直径100cmで、的中制は露的、得点制は得点的を使用する。

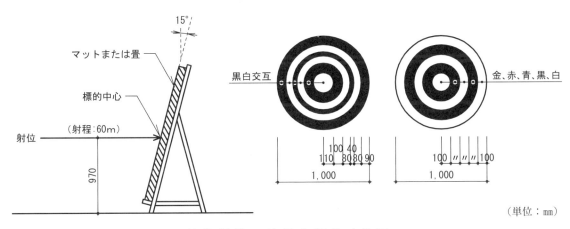

（単位：mm）

遠 的 競 技 の 的 場 と 標 的 寸 法 図

(4) そ の 他

1）国民体育大会競技施設基準
『第77回国民体育大会　競技施設基準』：第77回国民体育準備委員会
規定の弓道場…1ヶ所
遠的競技場…1ヶ所（仮設でもよい）

2）参考文献
『弓道競技規則（平成28年4月1日）』：（公財）全日本弓道連盟

19. 相　　撲

(1) 概　　要

　　相撲は元来神事としての性格が強く、祭りの際に相撲を行なう神社も多く奉納相撲と呼ばれており、大相撲春巡業の前後に行なわれる伊勢神宮、靖国神社、新横綱誕生や正月の明治神宮奉納相撲が有名である。

　　相撲競技は、大きく分けて職業相撲（大相撲）とアマチュア相撲に分けられるが、職業相撲は大正14年に（財）大日本相撲協会として発足し、後に（公財）日本相撲協会となって今日に至っているが、一方のアマチュア相撲は、昭和21年に（財）日本相撲連盟が設立されて以来、今日まで活動を続けている。

　　相撲場の施設は屋外に設けられる場合と屋内に設けられる場合とがあるが、大相撲とアマチュア相撲では土俵規格に若干違いがある。

(2) 土俵の寸法および規格

1）土俵の寸法および規格

　　（以下は、アマチュア団体である（公財）日本相撲連盟の土俵規程に基づくものである。）

　　土俵は、盛土俵（台形型に盛り土したものをいう）とする。特別の事情がある場合は、平土俵（盛土していないものをいう）の使用が認められる。

　　日本相撲連盟による規格では土俵の表面は、一辺600cm以上727cm以下の正方形で、土俵の土盛りの高さは、30cm〜50cmである。

　　勝負を決定する境界線は、勝負俵の外線とする。勝負俵は、土俵表面の対角線の交点を中心とした直径455cmの円の外側に埋めた小俵とする。ただし、正面、向正面、東および西にそれぞれ一箇所ずつ徳俵を設ける。

　　競技場においては、その正面を定め、正面から向かって反対側を向正面、左側を東、右側を西として東西の力士の控えだまりを設け、向正面側には行司だまりを設ける。

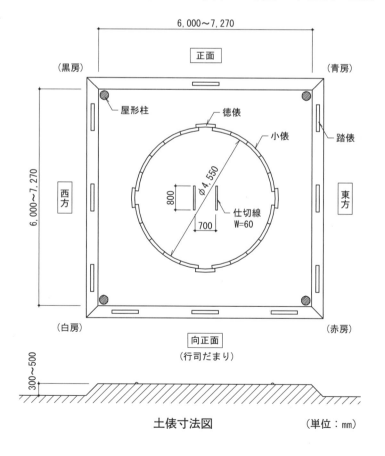

土俵寸法図　　　　　　　　（単位：mm）

2）勝　負　俵（小俵、徳俵）

　　小俵（土を固く詰めた状態）の規格は長さ64cm×高さ14cm×横幅11cmとなっており、中に土、砂、玉砂利を混ぜて平均に詰め込み、0.6cmから0.8cmの太さの縄で7箇所縛る。

　　勝負俵に使用する小俵の数は24個で、そのうち4個は徳俵とし、いずれも土俵表面より4cm高く埋める。

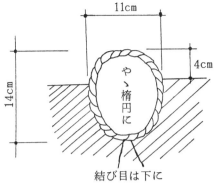

伏せ方の断面図

3）仕　切　線

　　土俵中央に、2本の仕切線を設ける。仕切線の規格は、間隔70cm、長さ80cm、幅6cmとし、白色のペンキを使用する。

4）蛇　の　目

　　勝負俵の外側には25cm程度の幅に砂をまき、「蛇の目」とする。この呼び名は、蛇の目状の二重土俵の名残とも言え、外側の土俵とのあいだに砂を敷いて判定の参考にしていたもので、現在は判定用の砂を外側にもってきたものである。

5）国内ルール・国際ルールの違い

　　近年は国際大会も開催されているが、（公財）日本相撲連盟の規程がもとになっている。

(3)　土俵の材質

　　土俵の材質については、規程上特に定められていないが、関東では荒木田土に砂や塩基剤（苦汁）を混合して使用されており、その他の地域においては赤土を使用し、必要に応じて粘性を砂で加減することが多い。

　　なお競技のときは、勝負俵の内側に適量の砂をまき、外側にも「蛇の目」として砂をまく。

(4)　付　帯　施　設

1）屋　　　根

　　土俵規程では、「土俵の上には屋根をつるす」と規定されている。また、土俵屋形（四本柱で支えられた屋根付きの土俵）を使用することも認められている。

　　土俵の屋根には水引幕を張り、正面東から右回りに順次、各角に青、赤、白、黒の房をつるす。つまり、東（東北隅）が青房、南（東南隅）が赤房、西（西南隅）が白房、北（西北隅）が黒房ということになる（土俵平面図参照）。土俵屋形の場合は、四本柱にそれぞれ青、赤、白、黒の布を同じように巻くことができる。水引幕の各中央部は、正面から右回り順次、黒、青、赤、白の揚巻房で上方に絞り上げる。

2）審判席および選手控席

　　正面溜まりの左側に審判長席、右側に副審席を設け向正面、東および西の各土俵溜まりの中央に

それぞれ副審席を設ける。審判員席の高さは、10㎝～40㎝とする。東土俵溜まりおよび西土俵溜まりの副審席の左右に選手の控席を設ける。選手控席の高さは、20㎝以下とする。

3）その他の用具

　試合時に必要とするものでは、水桶、手水柄杓、塩、力紙、手箒などがあげられる。

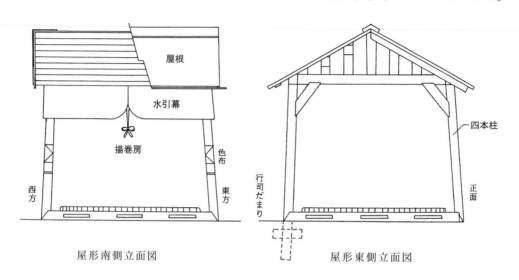

屋形南側立面図　　　　　　　　　屋形東側立面図

土俵屋形（四本柱を用いる場合）の例

⑸　そ　の　他

1）国民体育大会　競技施設基準

　『第77回国体育大会　競技施設基準』：第77回国民体育大会準備委員会

　規程の競技場　１ヶ所とする

2）参考文献

　『競技役員必携（土俵規程）　2010年7月1日増刷発行』：（公財）日本相撲連盟

20. 馬　　　術

(1)　概　　要

馬術競技は、人と馬が一体となって競技を行うスポーツであり、「馬場馬術」「障害馬術」「総合馬術」「エンデュランス」「レイニング」「馬車競技」「軽乗」「パラ馬場馬術」があるが、このうちオリンピックの馬術競技にもなっているのは(1)馬場馬術競技、(2)障害馬術競技、(3)総合馬術競技の3種目である。

総合馬術競技は馬場馬術と障害馬術にクロスカントリー競技を加えた種目であるが、国体種目では施設の関係上クロスカントリー競技は実施せず、馬場馬術と障害馬術のみとしている。

各競技の概要はつぎのようなものである。（公益社団法人日本馬術連盟のHPより）

1）馬場馬術競技

長方形のアリーナ内で行う演技の正確さや美しさを競う競技であり、馬に柔軟性のあるしなやかな動き、また選手の指示に従順であることが求められる。

2）障害馬術競技

競技アリーナに設置された様々な色や形の障害物を決められた順番どおりに飛び越し、走行するもので、障害物の落下や不従順などのミスがなく、早くゴールすることが求められる。

3）総合馬術競技

馬場馬術競技、クロスカントリー競技、障害馬術競技の3種目を同一人馬のコンビネーションで3日間かけて行う競技だが、そのうちのクロスカントリー競技は自然に近い状態の地形に竹柵や生垣、池、水濠などで作られた障害物が設置されたコースを駆け抜ける迫力のある競技である。

(2)　馬場の寸法および規格

1）馬場馬術の競技場および練習場

①　競技場（アリーナ）については、FEI馬場馬術規程第429条（1.1、1.2を除く）による。

②　競技場が20m×40mの場合の寸法および表記は、「日本馬術連盟競技会規程第32版」別表2による。

③　競技場（アリーナ）

アリーナは平坦で高低差がなく、長さ60m、幅20mの広さとする。

対角線あるいは長蹄跡での高低差は、いかなる場合も60cm以内、短蹄跡ではいかなる場合も20cm以内とする。

アリーナは主として砂馬場でなければならない。

上記の測定値はアリーナフェンスの内側を測定した値とし、このフェンスは観客から少なくと

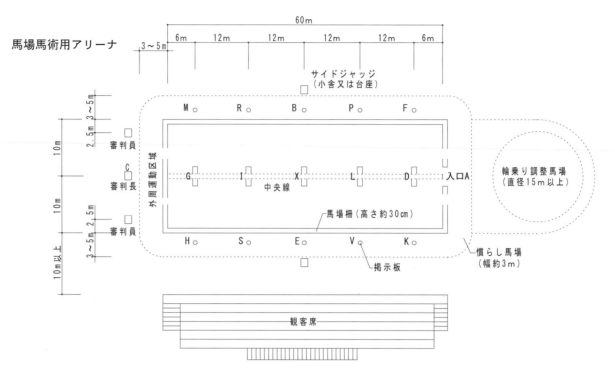

馬場馬術用アリーナ

も10m以上の距離をおいて設置する必要があるが、JEFが例外を認めることがある。

競技が屋内で行なわれる場合、アリーナは原則として壁から2m以上離さなければならない。

アリーナフェンスそのものは高さ約30cmの低い白色のフェンス（レールは硬質であってはならない）で囲うこと。

A地点でのフェンスは選手を人退場させられるよう、原則として簡単に取り外しができるものとし、入場口の広さは2m以上なければならない。

フェンスのレール部分は馬の蹄が踏み込んで抜けなくならないよう配慮したものであること。レールの構成材に金属が含まれてはならないが、素材は問わない。（JEF）

④ 地点標記

アリーナフェンスの外側に設置する地点標記は、フェンスから50cmほど離して明確に表示し、フェンス自体にも該当標記と同じ位置に印を付すことが義務づけられる。

地点標記は観客からも見えるように設置し、標記やそのホルダーへの広告設置は認められない。

⑤ 審判員の配置

3名の審判員を短蹄跡に沿って配置しなければならず、屋外施設ではアリーナから3m以上、5m以内の離れた位置とするが、屋内競技の場合は2m以上離すことが望ましい。

C地点審判員は中央線の延長上に、またその他の2名（M地点とH地点）は長蹄跡の延長線上より内側へ2.50mの位置に配置する。サイドの審判員2名（B地点とE地点）は各々のB地点、E地点でアリーナから3m以上、5m以内の位置に配置するが、屋内競技では2m以上離すことが望ましい。

審判員が3名の場合は、1名が長蹄跡側に座るべきである。馬場馬術規則437条を参照のこと。審判員7名の場合は、追加の2名がC地点審判員の向かい側短蹄跡に、長蹄跡の延長線上より5m内側に配置する。これに関わる例外はFEIの承認が必要である。

⑥ ジャッジボックス

各審判員には個別のジャッジボックスか台座を用意しなければならない。高さは地上より50cm（自由演技課目ではもう少し高い方がよい）以上とし、アリーナがよく見えるようにする。

ジャッジボックスには４名を収容できる十分な広さで、アリーナ全体を良く見渡せる状態にする。ただしパソコン入力をブース内で行わない場合、４名の収容を義務付けるものではない。（JEF）

⑦　練習用馬場

望ましくは、競技会の第１競技開催の２日以上前から、選手が自由に使用できる広さ60ｍ×20ｍの練習用馬場を少なくとも１つは設置し、可能ならこの馬場は競技用アリーナと同じ馬場質（フッティング）とすべきである。

60ｍ×20ｍの練習用馬場を提供できない場合は、選手に競技用アリーナでの練習を許可しなければならず、その場合は、競技用アリーナを実際の競技仕様のセットアップにできるだけ類似させて最終ウォームアップ用に準備することが望ましい。

⑧　テンミニッツアリーナ

テンミニッツアリーナは、競技用アリーナへ入場する前の最終練習馬場であり、メインアリーナと同じフッティングでなければならない。

２）障害馬術の競技場およびスクーリングエリア

①　競技場（アリーナ）

アリーナは四方を囲まれていなければならず、競技中馬がアリーナ内にいる間は、すべての出入口を物理的に封鎖しなければならない。

屋内アリーナは800㎡以上の広さがなければならず、屋外アリーナは3000㎡以上の広さがなければならない。なお、正当な事由により、障害馬術本部がこの規則に関する例外を認める場合がある。（JEF）

②　スクリーニングエリア

組織委員会は、適正なトレーニング条件として十分な広さを持つスクリーニングエリアを最低１か所は提供しなければならず、少なくとも垂直障害１個と幅障害１個を用意する必要がある。

また、グラウンドは馬のトレーニングに適切な状態でなければならない。

参加選手が多く、また十分なスペースがある場合には障害物を追加して提供すべきであり、これらの障害物は全て通常の方法で構築し、赤と白の標旗を設置しなければならない。しかしこのような標旗に代えて、テープやペンキなどで障害物のソデあるいは支柱の上端を白色や赤色にしてもよい。

スペース的に余裕があり参加選手が多い場合は、スクリーニングエリアを別に１面設けることができる。

スクリーニングエリアが一般の人もアクセスできるエリアに位置している場合、安全上の理由により、周囲の幅約１メートルのバッファーゾーンを設けて、一般の人が馬と直接接触しないようにしなければならない。（JEF）

３）総合馬術競技場

①　施　設

「別段の記載がない限り、総合馬術競技会の障害馬術と馬場馬術競技はFEI場外馬術規程と馬場馬術規程を適用する。」、「その年の間に導入されたFEI障害馬術規程と馬場馬術規程への変更については、翌年１月１日からの総合馬術へ適用を判断する。」とされている。（FEI）

② 競技場（アリーナ）

　　アリーナの広さが5000㎡未満の場合は、スリースターとフォースター競技会における最大速度を350m/分とし、アリーナの広さが2300㎡未満の場合は、どのレベルの競技会においても最大速度を325m/分としなければならない。（FEI）

(3)　馬場のサーフェスの材質

　　「アリーナは主として砂馬場でなければならない」とされている。

(4)　付帯施設

　　馬術競技には、馬場馬術アリーナ、障害馬術アリーナの競技施設と練習用馬場のほか、つぎのような付帯施設が必要とされる。

　　これらの施設は仮設やリースでもよいとされている。

厩舎（馬房）・馬洗い場	家畜衛生防疫舎	駐車場
馬管理人（ホースマネージャー）宿舎	馬糞集積所	観覧席
大会本部・審判棟		

(5)　その他

1）国際ルール、国内ルールの相違点

　　「日本馬術連盟競技会規程」は日本馬術連盟（JEF）が主催および公認する競技会において摘要する規程であるが、これは国際馬術連盟（FEI）が制定する各種競技会規程に準拠しており、除外などの項目についてのみ、その都度明記されている。

　　※　本書では、どちらかのみに記載のあるものを（JEF）または（FEI）と記した。

2）国民体育大会　競技施設基準

　　『第77回国体育大会　競技施設基準』：第77回国民体育大会準備委員会

- 障害馬術競技場1面　70m×50m（楕円形でも可）、別途ダービーコースを隣接する。
- 障害馬術練習場2面（うち1面は競技場隣接）
- 馬場馬術競技場1面　90m×50m
- 馬場馬術練習場2面（うち1面は競技場隣接）
- 厩舎227馬房（1馬房3m×3m）
- 隔離厩舎2馬房（1馬房4m×4m）
- ホースマネージャー宿舎47名収容（各県1名 男女別）

〈摘要〉　　各施設は仮設ならびにリースでもよい。

　　　　　　その他運営上必要な事務棟がいる。

基準の内容事例（第77回国民体育大会　競技設置基準より抜粋）
　　① 馬場馬術用馬場の例

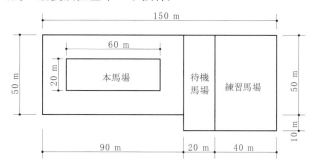

　　② 障害馬術用馬場の例

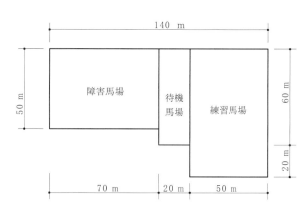

3）参考文献
　「日本馬術連盟競技会規程」第32版：（公社）日本馬術連盟
　「FEI 馬場馬術競技会規程」第25版：（公社）日本馬術連盟
　「FEI 障害馬術競技会規程」第26版：（公社）日本馬術連盟
　「FEI 総合馬術競技会規程」第25版：（公社）日本馬術連盟

21. 自　転　車

(1)　概　　　要

　　（公財）日本自転車競技連盟の自転車における競技種目は、「トラック・レース種目」、「ロード・レース種目」、「マウンテンバイク種目」、「BMX種目」などがあるが、ここでは、トラック・レース種目が行われる屋外競走路とロード・レース・コースについて取り上げる。

(2)　自転車競技場

1）自転車競技場の種類

　　屋外における自転車競走路の周長（測定線において計測する）は、500ｍ、400ｍ、333.33ｍ、285.714ｍおよび250ｍの5種類とし、幅員（路面実長）は7.0～9.0ｍとする。

　　（公財）日本自転車競技連盟の競走路として使用されているもののうち、全国で20ヶ所はUCI規則（国際自転車競技連盟）に適合した施設である。

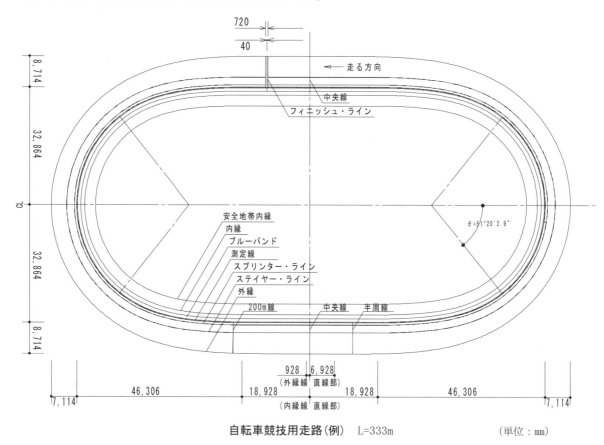

自転車競技用走路(例)　　L=333m　　　　　　　（単位：mm）

2）自転車競技場の特徴

　　自転車競技場は、陸上競技用トラックと違い、走るためのさまざまな工夫がされている。

　　まず、走路全体が平らでなく、内側に傾斜していて、これをカントという。

このカントは競技場によって異なり、一般的に直線部分で6～8度、コーナーでは30～40度内外の角度になる。

これは、競走のスピードと遠心力、および求心力を計算して出された数値で、コーナー部分で路面に垂直に立った状態で走るには、適度なスピードが必要で、速いと外に、遅いと内に振られ、テクニックが要求される。

また、コーナーから直線に移るつなぎ部分を緩和曲線といい、少しずつカーブを緩めている。

このとり方によって、直線の長さが変わり、選手の有利不利が生じる。

3）自転車競技場の寸法および規則

自転車競技場については、UCI規則に準ずる。

国際競技は、UCI公認の自転車競技場で行う。国内競技日程に含まれるトラック競技は、国内的認可またはUCI承認の自転車競技場で開催してよい。

下記の用件を満たさない競技場はUCIの公認するものとならない。

① 自転車競技の構造をなす材料と固定方法の安定性と耐久性は、競技場が建設される国の建設と安全に関する法律に適合し、地質学的特性と気象条件に注意しなければならない。

これら要素、構造の一般的柔軟性と技術的水準とよい施工の構造材料は、地域の法律または規則に準拠して、所有者、請負業者、設計者、顧問技師、経営者、運営者、使用者、主催者およびその他の責任下にある。この件に関してUCIはいかなる責任も免除される。

UCIによる自転車競技場公認は、自転車競技場の技術的・構造的特性によるものではなく、当段落の条項への外面的特性の適合により、査察によって与えられる。UCIは公認の範囲外、あるいは公認の基礎とする査察後に生じたか明らかになった、過失や欠陥に関して法的責任はない。

② トラックの諸元

・形状

トラックの内側の縁は、2つの直線で2つの曲線を結んで構成する。曲線部の出口と入口は緩和曲線を設定する。

トラックの傾斜は、カーブの半径と諸種目における最高速度を考慮して決定する。

・周長

トラックの周長は、133mから500mの間でなければならない。トラックの周長は、整数周回あるいは整数＋半周周回で、正確に＋5cm以内の誤差で1kmの距離となるように選定する。

世界選手権大会およびオリンピック競技大会を行う競技場の周長は250mとする。

競技場の周長は、トラックの内縁（ブルー・バンドの上限）の上方20cmのところで計測する。

・幅員

トラックの幅員はその周長にわたって一定でなければならない。カテゴリ1または2として公認されるトラックの最小幅員は7mとする。その他のトラックは、その周長に釣り合った最小5mの幅員がなければならない。

・ブルー・バンド

ブルー・バンドとして知られる乗車可能な空色の範囲は、トラックの内縁に沿って備えられなければならない。このバンドの幅員はトラック幅員の10%とし、その表面はトラック表面と同特性とする。この範囲には広告標示は許可されない。

1名または複数の競技者がトラック上にいるときには、乗車した競技者を除いて、いかなる人も物もブルー・バンドにあってはならない。

・安全地帯

安全地帯は、ブルー・バンドの内側に接して備えられ、明示されなければならない。

ブルー・バンドと安全地帯の合計幅は、250m以上のトラックにおいては最小4m、250m未満のトラックにおいては最小2.5mとする。

競技者がトラック上にいるときには、コミセール、乗車した競技者およびあるいはチーフ/コミセール（競技役員）により許可を与えられた者を除いて、いかなる人も物（スターティング・ブロックを含む）も安全地帯にあってはならない。

下記条件に合致する場合を除き、十分に競技者の安全を保証する構造物である、最小高さ120cmの柵を、安全地帯の内側の縁に築かなければならない。

この柵は透明で、いかなる状況においても、広告物をつけることはできない。

・安全地帯とトラック・センター間あるいはトラック・センター内に段差あるいは急斜面がないこと。

・安全地帯の内側およびブルー・バンドから10m以内に、許可を受けていない人あるいは物がないこと。

・トラックがトラック・センターより1.5m以上高い場合、競技者が負傷することを防止するために、ネット、パネル、あるいは同様の付加的な保護施柵を設けなければならない。

柵に設けられたいかなる出入り口も、簡単で信頼できる締め具を取り付けなければならない。これらは、競技あるいはトレーニングが進行中には閉じた状態に保たれねばならない。

・断面

トラックのいかなる点においても、トラック走路面の断面は直線でなければならない。コーナー部においては、内側の端はカーブを描いてブルー・バンドに連続的につながらなければならない。

トラックおよび安全地帯のいかなる点においても、トラック走路面からの垂直方向距離3m以下にはいかなる障害物もないことを保証しなければならない。

・表面

トラック表面は平坦、一様で研磨されていない状態でなければならない。

トラック表面平坦度の許容値は2mあたり5mmである。

トラック全面にわたり上塗りは一様でなければならない。トラックの一部の転がり抵抗を減らす目的の上塗りは禁じられる。

トラックの表面色は、トラックの標示線が明瞭に見えるようでなければならない。

③　表示

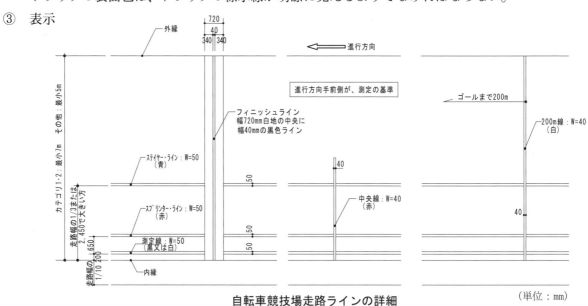

自転車競技場走路ラインの詳細

（単位：mm）

・塗装

トラックのいかなる境界、線、広告その他の表示にはペイント、あるいは滑りにくく表面の粘着特性、堅牢性・均質性が変化しない製品を用いなければならない。

トラックの表面の広告はステイヤー・ラインより上に、ステイヤー・ラインの上50cmとフェンス（トラックの外縁）から50cmの間の長さ方向のバンド内に表示する。

中央線と200m線の1m以内と、フィニッシュ・ラインの白帯の外端から3m以内の範囲には広告を表示してはならない。

走行方向の線は、5cmの一様な幅とする。走路に直行する方向の線は4cmの一様な幅とする。

・走行方向の標示

a．測定線

走路の内側の端から20cmの位置に"測定線"を、明色の地に黒色、または暗色の地に白色で引き、10mごとに数字を、5mごとに印をつける。測定線の計測は、その内側の縁において行う。

b．スプリンター・ライン

赤色線を"スプリンター・ライン"としてトラックの内側の端から85cmに引く。

この85cmは赤色の線の内側の縁までを測定する。

c．ステイヤー・ライン

青色線を"ステイヤー・ライン"としてトラックの内側の端からトラックの全幅の1/3あるいは2.45mの位置（いずれか大きい方）に引く。

この距離は青色線の内側の縁までを測定する。

・走路に直交する方向の標示

a．フィニッシュ・ライン

フィニッシュ・ラインを、ストレートの終端、ただし斜度が変化するところより数メートルの位置に、原則としてメイン・グランドスタンドの前に引く。

フィニッシュ・ラインは、72cm幅の白帯の中央に4cm幅の走路に直交する黒線として引く。

トラック上のフィニッシュ・ラインの標示は、フェンスの平坦面の頂部まで連続しなければならない。

b．200m線

フィニッシュ・ラインの手前200mの位置に、スプリント競技における計時開始点となる白線をトラックを横断して引く。

c．中央線（パーシュート・ライン）

パーシュートにおけるフィニッシュ・ラインとして、両ストレートの正確に中央位置に、他方と一直線上に走路幅の半分まで走路に直交して赤色線を引く。

(3)　自転車競技場の公認

1）自転車競技場は開かれる大会の水準により、国際連盟（UCI）又は国内連盟の公認が必要となる。

2）公認に際し、自転車競技場はトラックと設備の技術上の特性により4カテゴリに分類される。このカテゴリその自転車競技場で開催することのできる競技の水準を、次の表のように規定する。

カテゴリ	公認	大会の水準
1	UCI	エリート世界選手権大会とオリンピック競技大会
2	UCI	ワールドカップ、大陸選手権大会、ジュニア世界選手権大会
3	UCI	その他の国際競技大会
4	国内連盟	国内競技大会

3）カテゴリー1と2の自転車競技場は、下記の基準（計算上の安全最大速度は85km/hから110km/h）を満たさなければならない。

トラック周長	250 m	285.714 m	333.33 m	400 m
曲線部半径	19－25 m	22－28 m	25－35 m	28－50 m
幅員	7－8 m	7－8 m	7－9 m	7－10 m

その他のトラックは、最小安全速度75km/hを保証して設計しなければならない。

4）公認の申請は、競技場が所在する国の国内連盟からUCIに提出する。

申請は、査察予定日より2ヶ月以上前にUCIに送付されなければならない。

申請には、UCIの標準モデルに従った技術ファイルが添付されなければならない。

UCIは補足の書類または情報を要求することができる。

5）国内連盟は査察のために、UCI代表の指示下に、規定の測定実施に責任を持つ専門家の同席のもとに査察を施行しなければならない。この時、一団の競技者が試走して行う走行検査も行う。

自転車競技場査察に関連して発生するすべての経費は、申請者により負担され、国内連盟も法的連帯責任がある。UCI代表の経費は、有効なUCI財務責任者に示される条件に従って負担される。

6）詳細な査察報告書をUCIの代表が作成し、トラック計測の責任者および国内連盟の代表が副署する。

7）UCIが公認を差し控えるべき局面があると判断した場合、決定を下す前に、申請人を招請してこの局面を弁明させる。これを行わず、競技場公認が差し控えられた場合、当該国内連盟は上訴委員会に提訴できる。

8）自転車競技場査察以降の施設のいかなる変更あるいは修理も、認可を無効化する。

新しい認可は、別途定める手続きに従わなければならない。

9）UCIの公認を受けない場合でも、国内連盟の公認競技大会を実施するためには、国内連盟の公認を受けなければならない。

① 国内連盟の公認は、UCI公認に準じ、国内連盟競技運営委員会が審査、査察を行う。

② 競技場の測定方法は、以下のように行う。

測定作業は有資格の建築士または測量士により、測定線の内側に沿って、左回り、右回りの2回行う。いずれの場合も同一起点から測定する。この2回の結果の平均をもってトラックの公認周長とする。数値は6㎜以上を切り上げ、5㎜以下を切り捨ててセンチメートル単位とする。

③ 測定には、本連盟競技運営委員会から指名された2名の査察員が立ち会う。

④ 公認の期限は4年間とする。

⑤ 競技場を改修した場合は、あらためて公認手続きをとらなければならない。

⑥ 公認についての詳細は別途定める。

(4)　ロード・レース・コースの寸法および規格

1）ロード・レース・コース

ロード・レース・コースについては、原則として一般の交通を遮断する。または交通量が少なく、

鉄道踏切（平面交差）のない舗装道路を選び、周回コース、往復コース、町から町へのコースを選定する。

① 　発着線は、道路と直角に72cm幅の白地に4cm幅の黒線をもって標示し、発着線の真上4m以上の高さに出発線、決勝線、発着線あるいはSTART、FINISHと大書きした幅60cm～80cmの長方形の横断幕を張る。

② 　スタート地点の大会本部は、レースあるいはステージの実際のスタート時刻の2時間前に開設しなければならない。フィニッシュ地点の大会本部も、レースあるいはステージの実際のゴール予定時刻の2時間前に開設しなければならない。

　　フィニッシュ地点の大会本部は、関係諸機関への競技結果送信を終了するまで、あるいはコミセールがその業務を終了するまで開設しておかなければならない。

　　大会本部には電話を用意しなければならない。フィニッシュ地点の大会本部には、ファクシミリも用意する。

　　その他、以下の設備を用意しなければならない。

・タイム・キーパーおよび公式アナウンサー用独立設備

・フィニッシュ・ライン近くに、トイレ、更衣室、シャワー、医事検査室

・公用車両用駐車場

③ 　交差点や注意箇所には、誤走を防ぎ、危険を防止するために標識を立て、競技役員を配置する。

④ 　コース上には、0km（正式スタート）および30km、フィニッシュ・ラインの手前25km、20km、10km、5km、4km、3km、2km、1kmに標識を立てる。サーキットレースが終了する場合は、3km、2kmと1kmの標識および残り周回数の表示を行う。

　　中間スプリントまたは山岳賞を表示するため、横断幕または両側に置いた2枚のパネルを使用する。

　　フィニッシュ・ライン前には、500m、300m、200m、150m、100m、50mの表示を設置する。特に、最後の1kmには赤色の三角形標識とし、これとフィニッシュの横断幕の間には、その他の横幕等を掲示してはならない。

⑤ 　フィニッシュ地点の手前に、競技管理に必要なコミセール・カー、公式ドクター・カー、最小1分以上集団より先行している優勝者のチーム・カー以外の一切の車両（オートバイを含む）のための迂回路を設けなければならない。

2）インディヴィデュアル（個人）ロードレース・サーキット

　　サーキットは本格的なロード・コースの特徴をそなえ、できる限り、平坦区間、上り坂および下り坂を含むものとする。距離が妥当なものであれば、かなり急な勾配であってもよい。落車の危険を避けるために、急すぎたり難しいカーブの設定は避けなければならない。

　　幅員は6m以上、最後の1km地点からフィニッシュ・ラインに至るまでは8m以上。

① 　サーキットで競技を行う場合、サーキットの最小周長は10kmとする。

　　周長10から12kmのサーキットにおいては、公式な競技機能のための車両1台のみがレースに随行できる。

　　競技主催者は、本連盟にこの規定を免除することを要求できる。主催者は、遅くとも競技大会開始の90日以前に受信されるように、本連盟へその要求を送付しなければならない。この要求は、コースの詳細な説明と免除の要求を理由づけする申立書を含まなければならない。

② 　ロード・レースを競技の一部をサーキットにおいて行う場合、以下の条件で行う。

・サーキットの周長は最小3kmとする。

・サーキットの周回数は

① 3kmから5kmのサーキットの場合、最多3周

② 5kmから8kmのサーキットの場合、最多5周

③ 8kmから10kmのサーキットの場合、最多8周

・ステージ・レースにおいては、そのレースの最終ステージにおいてのみ、5kmから8kmの周回路における周回数を5回を超えてよい。この場合、サーキットでの合計走行距離は100kmを超えてはならない。

3）補給所および機材ピット

競技大会を組織する競技委員会が必要と認めた場合には、総務委員会と協議のうえ飲食料の補給所および機材ピットを設定する。

この補給区域には、標識を設け、補給が円滑に行われるように十分な長さがなければならない。

各補給区間は、補給区間の直前および直後に競技者が廃棄できるための廃棄区間を伴わなければならない。

主催者はまた、各レースまたはステージの最後の20km以前に、競技者がその廃棄物を捨てる機会を持てるよう十分な長さの廃棄ゾーンを設けなければならない。

これらの補給は、チームに随行しているスタッフが行うもので、他の者が行ってはならない。彼らは路側にのみ位置しなければならず、当該国における道路通行に使用される側でなければならない。

4）ロード・タイムトライアル・コース

ロード・タイムトライアル・コースの基準は、以下のとおりとする。

① コースは安全で、完全に指示標識を設ける。

② コースは十分に広く、急な曲がり角がないこと。

③ 競技開始時から、競技者がコースを専有でき、車両が追走できること。

④ チーム種目においては少なくとも10km毎に、個人種目においては少なくとも5kmごとに残距離を明瞭に表示すること。最後の1kmは赤色の三角によって示すこと。登坂の競技にあっては、1km毎に表示すること。

⑤ 最短800mのウォームアップ用走路をスタートの近くに設定すること。

⑸ そ の 他

1）国民体育大会競技施設基準

「第77回国民体育大会　競技施設基準」　第77回国民体育大会準備委員会

・規定の競技場　1

・規定のロードレースコース

（1周の周長が少なくとも10km以上で、10〜15kmを原則とする周回ロードコース）

・競技場、ロードレースコースとも、「基準要綱」が示されている

2）参考文献

「競技規則集（2020年版）」：（公財）日本自転車競技連盟

　UCIcyclingREGURATIONS：（公財）日本自転車競技連盟

22. ゲートボール

(1) 概　　要

　　ゲートボールは日本生まれのスポーツで、1947年に北海道芽室町においてヨーロッパの伝統的な競技である「クロッケー」をヒントに、青少年でも気軽に楽しめるスポーツとして考案された。

　　その後は手軽で誰でも気軽に楽しめるスポーツとして普及し、高齢者向きのスポーツとして全国的に脚光を浴び愛好者が増加した。

　　これに伴い普及を行う任意団体も独自に創設されるようになり、各団体のルールに若干の違いが生じるなどの混乱が生じたが、1984年に文部省（現文部科学省）の許可を受けて財団法人日本ゲートボール連合が設立された。

　　現在の統一ルール・審判制度が確立され、1984年には世界ゲートボール連合も設立されて、現在では世界50以上の国と地域で1000万人を超える愛好者がおり、国際大会も開催されている。

(2)　ゲートボールコートの寸法および規格

コート
　1）コートの寸法
　　・コートは、アウトサイドラインで区画した障害物のない長方形の平面とする。
　　・インナーフィールドは、縦15m、横20mの長方形とし、外縁をインサイドラインで区画する。
　　・インサイドラインは、5cmを基本とする幅で、コート面と比べて認識しやすい色としインナーフィールドの外縁に沿って測定線の内側に引く。
　　・アウターフィールドは、インナーフィールドの外側1mを基本とする50cm以上1m以内の一定

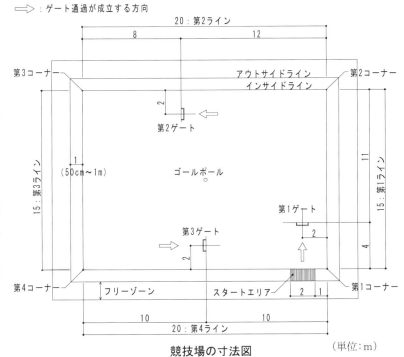

競技場の寸法図　　　　（単位：m）

の範囲とし、外縁をアウトサイドラインで、内縁をインサイドラインで、それぞれ区画する。
　　・アウトサイドラインは、見やすい幅で、コート面と比較して識別しやすい色とし、アウターフィールドの外縁に沿って、測定線の内側に引く。

　2）スタートエリア
　　スタートエリアは、第4ライン上の第1コーナーから1mおよび3mの地点と、この2つの地点から直角に外側に向かってアウトサイドラインと交わる2つの地点との、4つの点を頂点とする長方形で、インサイドライン～アウトサイドライン間の短辺部も同様のラインで区画する。

3）フリーゾーン
・フリーゾーンはコートの外側に設ける。
・フリーゾーン内に待機エリア、得点ボードを設置する。

4）方　　位
　「コートの長軸を南北方向にとり、プレーヤーが西日の影響を受けないよう配置するのが望ましい。」とされている。

5）勾　　配
　コートの勾配に規定はないが、表面排水を考慮のうえ平坦に仕上げる。

6）国内ルール・国際ルールの違い
　国際公式ゲートボール競技規則により統一されているため、ルール上の違いはない。

(3)　サーフェスの材質

　特別な規定はなく、一般的にはクレイ系舗装や天然芝舗装、人工芝系舗装などが用いられる。

(4)　競 技 施 設

1）ゲ ー ト
・コの字型で、コート面と比べて見やすい色の直径 1 cm（許容範囲±1 mm）の丸棒とする
・両脚の内側の幅が22cm、高さが19cmになるように、地面に対して両脚を垂直に固定する
・第 1 ゲート、第 2 ゲート、第 3 ゲートの 3 つとし、各ゲートの設置位置は寸法図のとおり
・各ゲートの番号表示（縦横10cm以内）をゲートの上部に設置する

2）ゴールポール
・コート面と比べて見やすい色の、直径 2 cm（許容範囲±1 mm）の円柱状の丸棒とする
・地表からの高さが20cmになるように、コートの中心に地面に対して垂直に固定する
・ゴールポールの設置位置は、コートの中心とする

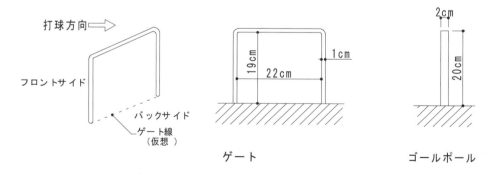

(5)　参 考 文 献

　『公式ゲートボール競技規則 2019』：（公財）日本ゲートボール連合発行

23. グラウンド・ゴルフ

(1) 概　　　要

　　グラウンド・ゴルフは、昭和 57 年に鳥取県東泊村生涯スポーツ活動推進事業の一環として、泊村教育委員が中心となり考案された。

　　この競技は高度な技術を必要とせず、ルールもごく簡単で初心者でもすぐ取組めるため、全国的に生涯スポーツとして定着してきている。昭和 58 年 7 月には（公社）日本グラウンド・ゴルフ協会が発足し、現在では全国に250箇所（2020年 1 月現在）を超える認定コースができている。

(2)　競技場の寸法および規格

　　競技規則第16条に「標準コースは、50m、30m、25m、15m　各 2 ホールの合計 8 ホールで構成する。」と明記されているが、「これはあくまで一つの基準であり、場所等の条件に応じてホールポスト数、距離など適切なコース設定を有する事が望ましい」とされている。

[標準コース図]

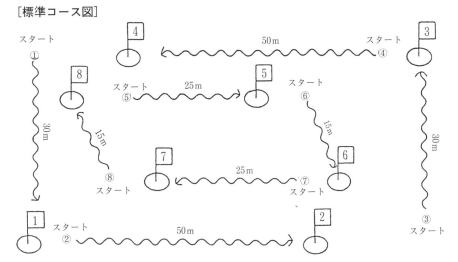

〈参考〉認定コースの適合条件（コースに関するもの）
- グラウンド・ゴルフの専用コースであること
- 標準コース（15m × 2 、25m × 2 、30m × 2 、50m × 2 ）がとれ、日本協会認定のホールポストおよびスタートマットがコース数常備されていること
- 同じ距離のホールが連続しないこと（ 8 ホールから 1 ホールについても同様）
- 8 ホールを単位（ 8 ホール×○コース）とすること
- 安全に配慮されていること
- 各ホールともホールインワンが可能であること
- コースは芝、人工芝、土、砂いずれでも可

(3)　サーフェスの材質

　　競技規則に規程はないが、認定コースの適合条件には「コースは芝、人工芝、土、砂いずれでも可」とされている。

(4) 競技用具

主な用具は次のとおり
- クラブ
- ボール
- ホールポスト
- スタートマット

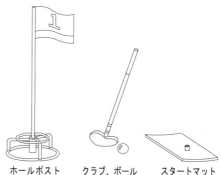

ホールポスト　　クラブ、ボール　　スタートマット

1）ホールポスト

レギュラーホールポストとスモールホールポスト
の2種類があるが、スモールホールポストは現在ルー
ルブックに記載が無く、生産もされていないとのこと。

① レギュラーホールポスト

公式の大会に使用する。ホール部分の底円の直径は外形36cm（±6mm）上円直径は外形20cm
（±6mm）で6mm以内の金属線を用いる。高さは11cm（±3mm）であり、上円と底円は6mm以内
の金属線でできた3本の脚で均等に支えられている。ホール部分の中心部には『トマリ』を表す
鈴を取り付け、鈴の直径は4cm（±5mm）で地表と鈴との空間は2cm（±2mm）である。ポール
部分の高さは、上円から50cm以上150cm以下とし、旗が取りつけられるようにする。旗にはホー
ルポストナンバーを示す番号を表示する。

2）スタートマット

スタートマットのティーの高さはマット表面から1.5cm以内であること。

スタートマットは大きさが65cm×30cm以内、厚さが15mm以内のゴム製などとし、ホールナン
バーが表示されていること。

(5) 参考文献

『グラウンド・ゴルフ ルールブック2021』：（公社）日本グラウンド・ゴルフ協会（2011年4月1日）

24. パークゴルフ

(1) 概　　要

パークゴルフは、1983年（昭和58年）に北海道幕別町の公園で発祥したスポーツで北海道を中心に普及したが、1992年（平成4年）頃からは全国各地に広がり、外国にも急速に普及の輪が広がった。

統括組織として、特定非営利活動法人国際パークゴルフ協会が普及活動を行っている。

ゴルフとルールはほぼ同じで3〜4人で1組となりプレーをし、専用のクラブ1本と専用ボール1個とボールを置くティがあれば誰にでもプレーを楽しむことができ、各々が1個のボールをティグランドから打ち、1ストローク又は連続するストロークでカップにいれる。

コースの標準打数（パー）は1ホール単位の打数を3打（ショート）、4打（ミドル）、5打（ロング）で配分し、合計打数を9ホールで33、18ホールで66とする。

(2) 競技場の寸法および規格

- 設置場所は、既存公園・河川敷・林地・畑・原野・スキー場の緩斜面・遊休地等を活用することが多いが、専用の施設も増えている。
- 18ホール（パー66）として、12,000㎡以上のコースの面積が望ましい。
- 面積の上限基準は特にないが、河川敷のような平坦で障害物が少ない条件でも20,000㎡位あれば十分である。
- コースは9ホールを単位としてレイアウトする。
- 同じ場所に18ホールを作る場合は、ホール表示はA−1〜9、B−1〜9とする。
- 1ホールの距離は、最長100m以内とする。
- 1コース（9ホール）の距離は500mをこえてはいけない。
- コース上で交差するホール・同方向に平行したホールなどのレイアウトは、プレーの流れを悪くし、危険を伴うので認めない。
- ドックレックは、安全面からもできるだけ避けることが望ましい。
- コースの難易度を高めるための工夫はあってもよいが、パークゴルフの原点を損なうことのないよう配意すべきであり、池越え、谷越えなどは造成すべきでない。
- 1ホールの距離の計測は、ティラインから、コースなりにフェアーウェーコースセンターを通りカップまでとする。
- 既存の公園の場合はほとんど既存のレイアウトとしなければならないが、樹木の保護や公園利用者を考慮し、そのうえで樹木や起伏などを利用することで難しさを出すようにする。

◎標準的なコース図（1ホール）

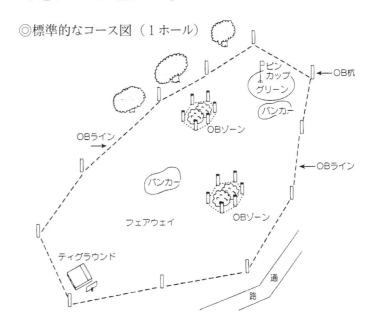

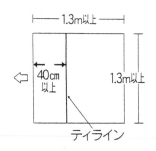
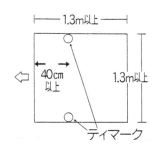

ティライン　　　　　　　　　　　ティマーク　　　ホール表示板(例)

- ティグランドの大きさは、規則上1.3m×1.3m以上とするが、できれば1.5m×1.5m位あれば申し分ない。
- 高さは地表から30cm以内が望ましく、ティラインはティグランド前面の先端から40cm以上後方の両端にティマークを設置するか、ティラインを引いてティアップできる範囲を示す。
- グリーンの形状は自由であるが円として考えた場合の直径は概ね5m以上が望ましい。
- グリーン上の起伏は僅かな傾斜程度にし、微妙な読みを必要とする面白さを加えるようにする。
- バンカーの数や大きさは、制限しない。
- フェアウェイとラフの区別はあってもよいが、ラフの草丈はボールの脱出が可能であるよう適宜刈り込みをし、また、フェアーウェーの幅員は少なくとも2m以上確保する。
- OBラインは白杭で標示し、OBゾーンを示す白杭は、上部を青色にしてOBライン杭と区別する。
- OB杭の高さは40cm程度、OBラインの杭間隔は10〜20mとし、OBゾーンの杭間隔は2〜3m程度とする。
- 修理地は全体を青く塗った杭とする。
- その他の用途の色杭は一切これを認めない。
- OBラインを横切った地点、規則に基づいてプレースすることが困難な場合は特設のプレース位置を設ける。

（コース設置基準）

OBラインの杭の間隔
10〜20m位　　40cm位

OBラインの杭（白杭）

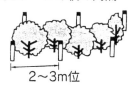

OBゾーンの杭の間隔

2〜3m位

コース内のOBラインの杭
（杭の先端は青色）

- ホールカップの内径は200mm以上、外径は216mm以下深さは100mm以上とし、そのカップは地表面より10mm埋設しなければならない。
- ピンフラッグの直径は20mm以下、高さは地上2〜2.5mとする。
- ホールカップ、ピンおよび旗は、公益財団法人日本パークゴルフ協会コース用具の基準に定めるものであること。

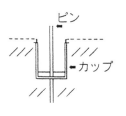

ピン
カップ

ピン
固定する
カップ

(3)　サーフェスの材質

　　フェアウエー、ラフは天然芝が基本であるが、ティグランドは、人工芝やゴムマットが多く使われている。

(4)　参 考 文 献

　　「パークゴルフオフィシャルガイドブック」2020年3月1日施行　（公財）日本パークゴルフ協会
　　（公財）日本パークゴルフ協会　ホームページ「パークゴルフについて」

25．ビーチサッカー

(1) 概　　要

　　ビーチサッカーはレクリエーション・スポーツとして親しまれていたが、1992年競技規則の統一以降は競技会が盛んに行われるようになり、2005年以降は国際サッカー連盟が管轄する競技として広く普及が図られ、ビーチサッカーワールドカップも2019年で第10回を数えている。

　　日本では近年、夏場を中心に多くの大会が全国各地で開催されており、その数は年々増加している。

(2) ピッチの寸法および規格

　1) 競技のフィールド
　　　寸法（mm表示）、各部
　　　名称は次のとおり
　　・長さ（タッチライン）
　　　　35m～37m
　　・幅（ゴールライン）
　　　　26m～28m
　　・寸法はラインの外側
　　・タッチラインはゴール
　　　ラインより長くなけ
　　　ればならない。
　（備考）
　ユース・年長者・障がい者
　の試合では、ピッチの大き
　さの修正可能（関係加盟協
　会の合意と競技規則の基本
　原則の保持が前提）

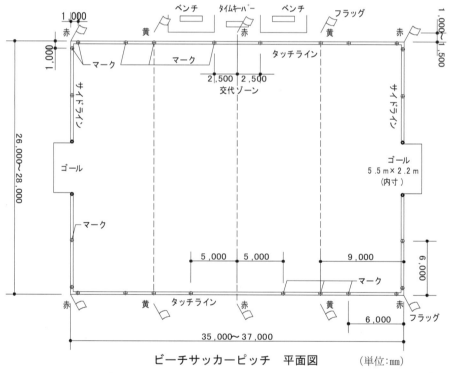

ビーチサッカーピッチ　平面図　　（単位：mm）

　2) ピッチのマーキング

・ピッチは長方形で、周囲をラインでマークするが、ゴールポスト間にラインはマークしない。

・ライン幅10cm、砂とは対照的な色のテープ（青色が好ましい）を使用する。

・ラインテープは弾力性があり切れにくく競技者を傷つけないもので、各コーナーと両タッチラインの中央で特性の止め具にて砂にしっかりと固定され、ゴールポストにはゴム製のリングで固定する。

・ピッチは、ピッチの外に設置された2本の赤色のフラッグでマークされる仮想のハーフウェーラインで2つのハーフに分けられる。

・それぞれの仮想のコーナーアークから6mのゴールライン上とタッチライン上にマークを描く。

・ベンチに近いタッチライン上で仮想のハーフウェーラインから左右それぞれ2.5mの位置、ベンチ

と反対サイドのタッチライン上で仮想のハーフウェーラインから左右５ｍの位置にマークを描く。両タッチライン上に、ゴールラインから９ｍ離して仮想のペナルティーエリアを示すマークを描く。

- コーナーアークを特定するために、それぞれのコーナーから１ｍのゴールラインとタッチライン上にマークを描く。

３）ピッチ周囲の安全

安全のため「ピッチは周囲を幅1.5ｍから２ｍのセーフティーゾーンで囲む」とされている。

(3) サーフェスの材質

競技規則によるサーフェスの材質は次の通り。
- 表面は砂で、水平であり競技者を負傷させる可能性のある石や貝等は取り除く。
- 国際競技会では、砂は粒が細かく40cm以上の深さがなければならない。
- 砂はプレーに適するように荒かったり、また石や危険なものを含んでいてはならないが、皮膚に付着するほどまで過度に細かくなってはならない。

(4) 競技施設

１）ゴール
- ゴールは、それぞれのゴールラインの中央に設置する。
- ゴールポストとクロスバーは、承認された材質とし、形は正方形、長方形、円形、楕円形またはこれらの組合せのいずれかで太さは直径10cm、色は同一色（蛍光黄色が好ましい）とする。
- ポストの間隔（内測）は5.5ｍで、クロスバーの下端からグラウンドまでの距離は2.2ｍとする。
- ネットは、麻、ジュートまたはナイロン、もしくはその他の承認された材質でできたもので、適切な方法でしっかりとゴールポストとクロスバーの後方に取り付けなければならず、ゴールキーパーや競技者の妨害や危険にさらすものであってはならない。

（備考）
ユース・年長者・障がい者の試合では、ゴールの大きさ（ポスト間隔とクロスバー高さ）の修正可能（関係加盟協会の合意と競技規則の基本原則の保持が前提）

２）フラッグ
フラッグポストは、壊れない柔軟なプラスチックで、高さは1.5ｍ以上とし、次のとおり合計10本のフラッグが使用される。
- ピッチの各コーナーに１つずつの赤色のフラッグを立てる。
- 仮想のハーフウェーラインの両端に１つの赤色のフラッグをタッチラインの外側に１ｍから1.5ｍ離して確実に固定する。
- ペナルティーエリアを示す仮想のラインの両端に１つの黄色のフラッグをタッチラインの外側に１ｍから1.5ｍ離して確実に固定する。

⑸　参 考 文 献

　　『ビーチサッカー競技規則2015/2016』：（公財）日本サッカー協会
　　（一財）日本ビーチサッカー競技連盟ホームページ
　　※　ホームページ掲載の、同規則2021/2022の変更予定内容も含む。

26. ビーチバレー

(1) 概　　要

　ビーチバレーは砂浜の上で行うバレーボールの遊び
が原点で、ハワイが発祥とされている。

　初期には人数の決まりもなかったが、1930年にロサ
ンゼルスで2人制の「ビーチバレー」が誕生し、徐々
に世界中のビーチでこのスポーツが行われるようにな
り、1996年のアトランタオリンピックから正式種目と
なって、現在に至っている。

(2)　ビーチバレーボールコートの寸法および規格

1）コートの寸法

　コートは16m×8
mの広さをもつ長方
形で、最小限3mの
幅のフリーゾーンに
囲まれている。フリー
プレー空間は、障害
物が何もない競技エ
リアの上方の空間で、
競技エリアの表面か
ら、最小限7mの高
さがなければならな
い。

（国際競技）

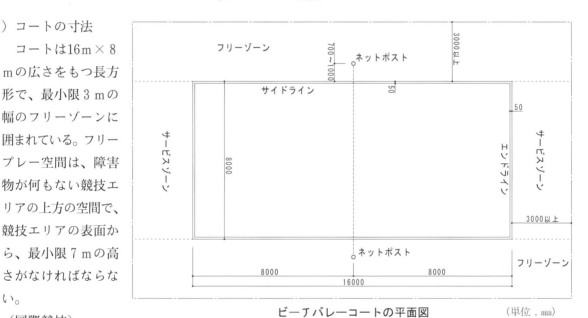

ビーチバレーコートの平面図　　　（単位．㎜）

　FIVB世界・公式大会では、フリーゾーンは最小限で5m、最大限で6mの幅で、フリープレー
空間は最小限12.5mである。

2）コートのライン

- すべてのラインは幅5㎝で着色され、砂地とはっきり対照的な色でなければならない。
- コートのラインは、耐久性のある素材でできたリボンでなければならない。そして、柔らかく、
  弾性のあるアンカーによって固定される。
- コートは、2本のサイドラインと2本のエンドラインによって区画され、センターラインはない。
  2本のサイドラインとエンドラインは、コートの内側に置かれる。

3）ゾーンとエリア

　1つのコートには、サービスゾーンとコートを囲むフリーゾーンがある。サービスゾーンは、エ

ンドラインの後方8m幅のエリアで、フリーゾーンの端まで広がっている。

(3) サーフェスの材質

　　地面は、できる限り水平で均一であり、小石、貝殻、その他選手が、切り傷や負傷する危険性のあるものが混じっていない、ならされた砂でなければならない。

（国際競技）

　　FIVB世界・公式大会では砂地は最低40cmの深さがあり、きめ細かな粒の砂でなければならない。

(4) 競技施設と照明

　1）ネット

　　　ネットはコートの中央部に鉛直に設置し、長さ8.5m、縦幅1m（±3cm）で、コートのセンター上に垂直に強く張られる。上端の高さは男子2.43m、女子2.24mであるが、特定の年齢層では右のように変更できる。

年　齢	男　子	女　子
16歳以下	2.24m	2.24m
14歳以下	2.12m	2.12m
12歳以下	2.00m	2.00m

注：ネット中央の高さ
　　両端での誤差は2cm以内

　　　ネットの両端のサイドラインの真上には、サイドラインと同じ色の幅5cmのサイドバンドが付けられ、更にその外側の縁には長さ1.8m、直径10mmのアンテナが固定される。

　2）支　柱

　　　ネットを支える2本の支柱は、それぞれサイドラインの外側から支柱のパッドまで0.7〜1mの位置に設置し、高さは2.55mで高低の調整が可能なものとする。

　　　支柱は丸く、表面は滑らかで、地面にワイヤなしで固定される。危険をもたらす、またはプレーを妨げる障害物があってはならない。支柱は、保護されなければならない。

　　　（国際競技）FIVB世界・公式大会ではネットの支柱はサイドラインの外側1mの位置に設置する。

　3）照　明

　　　夜間に行われるFIVB世界・公式大会では、競技エリアの明るさは、競技エリアの表面から1mの高さで1,000から1,500ルクスでなければならない。

(5) 参考文献

　『ビーチバレーボール競技規則2020年度版』：（公財）日本バレーボール協会

　『ビーチバレーボールの改正点・修正点』：FIVBルールブック2017〜2020からの改正はない。

27. クリケット

(1) 概　　要

　クリケットは、英国、オーストラリア、インド、南アフリカ、西インド諸島などの英連邦諸国を中心に行われている。

　世界の競技人口はサッカーに次いで第2位とされており、特にインド、パキスタン、スリランカ、バングラデシュなどの南アジア諸国では、圧倒的な人気を誇っている。

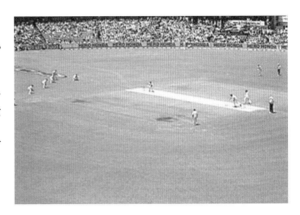

(2)　クリケットのグラウンド

　1) グラウンドの寸法と規格

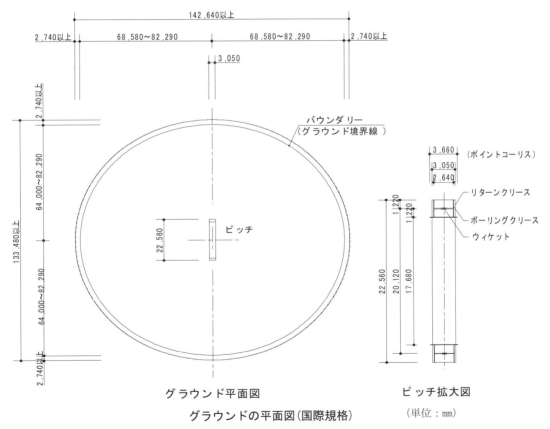

グラウンド平面図

ピッチ拡大図

グラウンドの平面図（国際規格）

（単位：mm）

　正式な試合は、芝生のグラウンドで行われる。

　男子の国際規格では横が約140m、縦が約130mの楕円形で野球場よりも大きいが、大会のレベルや形式、競技者の年齢や性別によって大きさが縮小される。

　国内大会では、直径100m程度のグラウンドが利用されることが多く、ジュニアの試合では直径が約60メートルになる。また軟球を利用した大会や、小中学生向けの形式もあり、テニスコートや体育館などでも行われている。

2）バウンダリー

　　競技エリアを区切る境界線で、ロープやマーカーなどが置かれる。

3）ピッチ

　　投球や打撃が行われる長方形の場所。グラウンドの中央に位置し、ピッチ両側の端にウィケットを立てる。ウィケット間は、正式な試合で20.12ｍだが、ジュニアの試合などでは15ｍに縮小されることがある。

4）国際規格の寸法
・国際基準として、ピッチの中心からバウンダリーまでの長さが横に68.58ｍ、縦に64.00ｍを最低とする。
・女性や未成年者の国際規格として、ピッチの中心からバウンダリーまでの長さが横に64.005ｍ、縦に54.86ｍを最低とする。
・ピッチの中心からバウンダリーまでの長さは82.29ｍを超えないこと。
・芝ピッチの寸法は縦20.12ｍと横3.05ｍとし、ボーリングクリースから最低1.22ｍ後ろをボウラーアプローチ領域とする。
・グラウンドの大きさ（長軸・短軸）は、会場により変更される。
・フェンス等の障害物よりバウンダリーまで（上図の外枠より内枠まで）の寸法は2.74ｍとること。

(3)　参考文献

『クリケットの国際規格』：特定非営利活動法人　日本クリケット協会

28. バスケットボール　3×3

(1) 概　　要

　　アメリカでは公園などに設置された屋外のコートを使用して、簡略化ルールの下に行われる「ストリートバスケット」、「ストリートボール」などと呼ばれるバスケットボールが多く行われており、日本でも20年ほど前から愛好者の間で、半分のコートを使用して3人ずつの対戦で行う3on3（スリー・オン・スリー）と呼ばれるゲームが行われるようになった。

　　3on3（スリー・オン・スリー）は、現在では国際バスケット連盟（FIBA）により、3×3（スリー・エックス・スリー）の名称で公式ルール化され、（公財）日本バスケットボール協会（JBA）では、国内バスケットボール人口拡大に向けて、3×3の推進活動を行っている。

(2)　3×3競技コートの寸法および規格

　1）コートの寸法
　　3×3公式競技規則－公式解説
　　　ゲームは、バスケット1基を備えた3×3バスケットボールコートで行われる。
　　　正規の3×3コートの大きさはラインの内側から測り横15m、縦11mとする。コートは、フリースローライン（5.80m）やツーポイントライン（6.75m）、バスケット1基の真下にある"ノーチャー

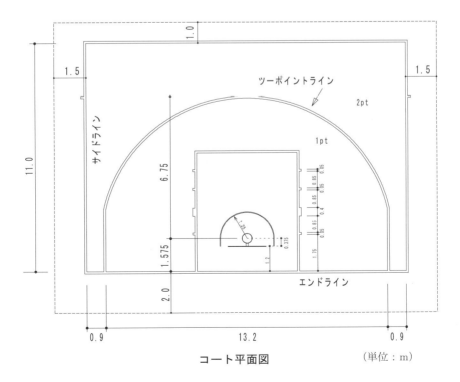

コート平面図　　　　　　（単位：m）

ジセミサークル"などを含む正規のバスケットボールコートと同じサイズでなければならない。

通常のバスケットボールコートの半面を使用することもできる。

（注1）グラスツールレベルの3 x 3は場所を問わずにプレーできる。

そのような場合、コートのマーキングは場所の面積に応じて適宜調整できる。

(3) サーフェスの材質

バスケットボールコートに準じるが、特設会場で実施されることも多く、可動式の合成素材も多く用いられる。

(4) 競技施設、付帯施設

・バックストップユニット（バックボード、リング・同取付部・ネット・バックボードサポート）1基

・付帯施設として、周囲のフェンス、得点ボード、照明設備など

(5) その他

1)「インフィニティロゴ」

このマークを「インフィニティロゴ」と称し、FIBA（国際バスケット連盟）の国際大会では標記が求められている。（ゲームのチェックボールの際に選手同士の距離を1mとるための目的とのこと。）

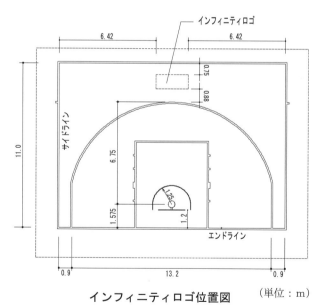

インフィニティロゴ位置図　　（単位：m）

2）参考文献

3 x 3公式競技規則－公式解説（2021）：（公財）日本バスケットボール協会

29. 関係競技団体

　各競技団体の所在地、電話番号等は、（公財）日本スポーツ協会のホームページの加盟団体（リンク集）で調べることができます。

（公財）日本スポーツ協会ホームページ　URL
　　https://www.japan-sports.or.jp

（公財）日本スポーツ協会ＨＰ　　加盟団体（リンク集）URL
　　https://www.japan-sports.or.jp/about/tabid565.html

公益財団法人　日本スポーツ施設協会

屋外施設部会　会員名簿

(50音順)

整理番号	会　社　名	代表者名	郵便番号・所在地 TEL・FAX・HP・E-mail	担当者名
1	青野スポーツ施設㈱	代表取締役社長 青野　幸三	〒570-0074　大阪府守口市文園町5-19 TEL 06-6992-4018　FAX 06-6993-6439 E-mail: info@aono-sports.co.jp http://www.aono-sports.co.jp	代表取締役社長 青野　幸三
2	㈱アークノハラ	代表取締役社長 岡本　力	〒160-0022　東京都新宿区新宿1-1-11 TEL 03-3351-9301　FAX 03-3355-0639 E-mail: aac-kanribu@nohara-inc.co.jp http://arc-nohara.co.jp	環境土木部 課長 寺田　英之
3	朝日スチール工業㈱	代表取締役社長 中山　保博	本　　社　〒760-8529　香川県高松市花園町1-2-29 TEL 087-833-5151 東京支社　〒102-0084　東京都千代田区二番町5-6 　　　　　あいおいニッセイ同和損保二番町ビル TEL 03-3239-4815　FAX 03-3239-4720 E-mail: asahi-hayashi@r7.dion.ne.jp http://www.asahi-fence.co.jp	東京支社 林　　昌平
4	石黒体育施設㈱	代表取締役 石黒　和重	〒464-0848　名古屋市千種区春岡2-27-18 TEL 052-757-4030　FAX 052-763-8110 E-mail: somu@isiguro.co.jp http://www.isiguro.co.jp	営業企画部 マネージャー 久保　範幸
5	㈱植木組	代表取締役 植木　義明	〒945-8540　新潟県柏崎市駅前1丁目5-45 TEL 0257-23-2205　FAX 0257-20-1080 E-mail: t-okazawa@uekigumi.co.jp http://www.uekigumi.co.jp/	新潟本店 舗道部長 岡澤　孝夫
6	大林道路㈱	代表取締役 福本　勝司	〒101-8228　東京都千代田区神田猿楽町2-8-8 　　　　　　住友不動産猿楽町ビル11階、16階 TEL 03-3295-8852　FAX 03-3295-8395 E-mail: hiromitsu-yonemoto@obayashi-road.co.jp http://www.obayashi-road.co.jp	環境技術営業部 副部長 米本　博光
7	奥アンツーカ㈱	代表取締役社長 奥　洋彦	本　　社　〒577-0012　東大阪市長田東3-2-7 TEL 06-6743-5050　FAX 06-6743-5110 東京支店　〒111-0055　東京都台東区三筋1-10-4 TEL 03-5835-0150　FAX 03-5835-0145 E-mail: k-yanagawa@oku.co.jp http://www.oku.co.jp	開発部 部長 柳川　一光
8	奥山スポーツ土木㈱	代表取締役 奥山　勝大	〒180-0022　東京都武蔵野市境2-8-4 　　　　　　タイコーピアジェ1F TEL 0422-52-1313(代)　FAX 0422-52-1314 E-mail: okuyama@iris.dti.ne.jp http://okuyama-sports.com/	総務部 中村　由喜
9	㈱女屋スポーツ工事	代表取締役 女屋　光	〒371-0018　群馬県前橋市三俣町3-13-3 TEL 027-231-2049　FAX 027-233-9782 E-mail: h.onaya.sp@gmail.com	代表取締役 女屋　光
10	㈱加賀田組	代表取締役 市村　稿	〒950-8586　新潟県新潟市中央区万代4-5-15 TEL 025-247-5171　FAX 025-241-4957 E-mail: hatakeyama.kazuaki@kagata.co.jp http://www.kagata.co.jp/	営業本部 営業推進部長 畠山　一昭

整理番号	会　社　名	代表者名	郵便番号・所在地 TEL・FAX・HP・E-mail	担当者名
11	鹿　島　道　路　㈱	代表取締役社長 吉弘　英光	〒112-8566　東京都文京区後楽1-7-27 TEL 03-5802-8011　FAX 03-5802-8042 E-mail: hashimoto@kajimaroad.co.jp http://www.kajimaroad.co.jp	営業本部 営業部 部長 橋本啓三郎
12	北 川 ヒ ュ ー テ ッ ク ㈱	取締役社長 北川　隆明	本　　　社 〒921-8584 石川県金沢市神田1-13-1 TEL 076-243-2211　FAX 076-247-2145 東京本社 〒103-0013 東京都中央区日本橋 　　　　　　　　　　　　　人形町2-14-9 TEL 03-3661-6881　FAX 03-3661-6581 E-mail: tk-okitani@k-hutec.co.jp http://www.k-hutec.co.jp	東京本社 営業部長 沖谷　知明
13	ク リ ヤ マ ジ ャ パ ン ㈱	代表取締役社長 能勢　広宣	本　　　社 〒540-6325 大阪市中央区城見1-3-7 　　　　　　　　　　　松下IMPビル25階 TEL 06-6910-7013(代)　FAX 06-6910-7031 東京支社 〒101-0054 千代田区神田錦町2-2-1 　　　　　　　　　　KANDA SQURE 18F TEL 03-5217-3253　FAX 03-5217-3256 E-mail: s.tahara@kuriyama.co.jp http://www.kuriyama.co.jp	東京支社 東京第一営業部 東京スポーツ グループ長 田原　俊二
14	㈱ C ・ T ・ S 中 央	代表取締役 小川　昌也	〒467-0053 名古屋市瑞穂区仁所町1-57-1 TEL 052-832-3811　FAX 052-832-7111 E-mail: masaya-o@chuuou-taiiku.com http://www.cts-chuuou.com	代表取締役 小川　昌也
15	㈱ シ ミ ズ オ ク ト	代表取締役会長 清水　卓治	〒160-0015 東京都新宿区大京町31-35 　　　　　　　　　シミズ千駄ヶ谷ビル6F TEL 03-3351-2390　FAX 03-3351-2391 E-mail: sportssisetu@shimizu-group.co.jp http://www.shimizu-group.co.jp	ファシリティ マネジメント部 都　　光哉
16	ス ポ ー ツ 施 設 ㈱	代表取締役 太田　豊	〒174-0072 東京都板橋区南常盤台1-35-1 TEL 03-5995-5271　FAX 03-5995-5157 E-mail: info@sports-sisetu.com http://www.sports-sisetu.com	取締役 営業部部長 宮崎　勝久
17	㈱スポーツテクノ和広	代表取締役 高松　保雄	〒140-0013 東京都品川区南大井3-6-18 　　　　　　　　　　　　　有馬ビル4F TEL 03-3762-9131　FAX 03-3762-9295 E-mail: honsya@st-wako.com http://www.st-wako.com	代表取締役 高松　保雄
18	住 友 ゴ ム 工 業 ㈱	代表取締役社長 山本　悟	〒651-0072 神戸市中央区脇浜町3-6-9 TEL 078-265-3000 〒541-0059 大阪市中央区博労町4丁目6番10号 TEL 06-6121-4264　FAX 06-6121-4265 E-mail: s-sakai.az@srigroupe.co.jp http://www.sri-hibrid-turf.co.jp	ハイブリット 事業本部 スポーツ人工芝 課　　長 酒井　伸
19	世 紀 東 急 工 業 ㈱	代表取締役社長 平　喜一	〒108-8309 東京都港区三田3-13-16 　　　　　　　　　三田43MTビル9F TEL 03-6672-9497　FAX 03-6672-9682 E-mail: j-nakayama@seikitokyu.co.jp http://www.seikitokyu.co.jp	営業部 企画提案グループ 中山　樹理
20	積 水 樹 脂 ㈱	代表取締役社長 馬場　浩志	本　　　社 〒530-8565 大阪市北区西天満2-4-4 　　　　　　　　　　　　堂島関電ビル TEL 06-6365-3256　FAX 06-6365-7150 関東支店 〒105-0022 東京都港区海岸1-11-1 　　　　　　ニューピア竹芝ノースタワー12階 TEL 03-5400-1817　FAX 03-5400-1840 E-mail: nakanos@sekisuijushi.co.jp http://www.sekisuijushi.co.jp/	スポーツ施設推進事業部 企画担当課長 中野　聡

整理番号	会 社 名	代表者名	郵便番号・所在地 TEL・FAX・HP・E-mail	担当者名
21	泉 州 敷 物 ㈱	代表取締役 北川　貴庸	本　　社　〒596-0105 大阪府岸和田市内畑町2191 TEL 0724-79-0859　FAX 0724-79-1952 東京支店　〒110-0015 東京都台東区東上野2-1-1 　　　　　　　　　フリーアネックスビル2Ｆ TEL 03-5246-4261　FAX 03-5246-4280 E-mail: y.tsuchiya@ssc-sensyu.com http://www.ssc-sensyu.co.jp	東京支店長 土屋　安正
22	㈱大成スポーツ施設	代表取締役 安田　洋一	〒658-0004 神戸市東灘区本山町田辺252-2 TEL 078-452-7902　FAX 078-441-2556 E-mail: taispo@ch.mbn.or.jp	営業部 川野　雅義
23	大 成 ロ テ ッ ク ㈱	代表取締役社長 西田　義則	〒160-6112 東京都新宿区西新宿8-17-1 　　　　　　住友不動産新宿グランドタワー TEL 03-5925-9436　FAX 03-3362-5807 E-mail: michito_saitou@taiseirotec.co.jp http://www.taiseirotec.co.jp/	営業本部 部長 （技術担当） 齊藤　充人
24	㈱ダイフレックス	代表取締役社長 三浦　吉晴	〒107-0051 東京都港区元赤坂1-2-7 　　　　　　　　　　赤坂Ｋタワー7階 TEL 03-6434-5085㈹ FAX 03-6434-5645 E-mail: sakamoto.hiroshi@jp.sika.com http://www.dyflex.co.jp/	TM建築グループ スポーツ施設担当 副部長 坂本　洋
25	太 陽 スポーツ施設 ㈱	代表取締役 渕沢　一史	〒108-0074 東京都港区高輪3-4-1 　　　　　　　　　高輪偕成ビル8Ｆ TEL 03-5791-5665　FAX 03-5791-5666 E-mail: t-tutiya@taiyo-sports.co.jp http://www.taiyo-sports.co.jp/	技術部長 土屋　照雄
26	㈱多摩ニュータウンサービス	代表取締役 千田　拓雄	〒206-0033 東京都多摩市落合6-15-6 TEL 042-371-1831　FAX 042-376-7441 E-mail: chida@tamanew.com http://www.tamanew.com	代表取締役 千田　拓雄
27	大 嘉 産 業 ㈱	代表取締役社長 笠井　一宏	〒550-0012 大阪府大阪市西区立売堀4-6-9 　　　　　　　　　大嘉ビル8Ｆ TEL 06-6543-3231　FAX 06-6543-3390 〒140-0004 東京都品川区南品川2-2-13 　　　　　　　　　南品川JNビル4階 TEL 03-6716-0885　FAX 03-6716-0826 E-mail: takimoto.kohei@daika.co.jp http://www.daika.co.jp	産業資材事業部 環境施設部 係長 瀧本　浩平
28	㈱中京スポーツ施設	代表取締役 正治美知子	〒488-0022 愛知県尾張旭市狩宿新町2-27 TEL 0561-53-1111　FAX 0561-53-1000 E-mail: css@chukyosports.com http://www.chukyosports.com	営業部 課長 寺澤　泉
29	長永スポーツ工業㈱	代表取締役社長 長谷川　信	〒157-0076 東京都世田谷区岡本3-23-26 TEL 03-3417-8111㈹ FAX 03-3417-8166 E-mail: honsha@choei-s.co.jp http://www.choei-s.co.jp/	専務取締役 後藤　正臣
30	㈱ 辻 広 組	代表取締役 辻広　光男	〒918-8025 福井県福井市江守中町8-18 TEL 0776-35-8115　FAX 0776-35-9129 E-mail: mori-h@tsujihiro-gumi.co.jp http://www.tsujihiro-gumi.co.jp/	営業部 部長 森　秀幸

整理番号	会 社 名	代表者名	郵便番号・所在地 TEL・FAX・HP・E-mail	担当者名
31	東 亜 道 路 工 業 ㈱	代表取締役社長 森下　協一	〒106-0032 東京都港区六本木7-3-7 TEL 03-3405-1813　FAX 03-3405-4210 E-mail: h_tanaka@toadoro.co.jp http://www.toadoro.co.jp	建設事業本部 営業部 部長 田中　秀明
32	東 北 体 育 施 設 ㈱	代表取締役 畠山　武美	〒020-0114 岩手県盛岡市高松1-9-50 TEL 019-681-3027　FAX 019-681-3028 E-mail: touhokutaiikusisetu@sand.ocn.ne.jp	代表取締役 畠山　武美
33	㈱ ニ チ ノ ー 緑 化	代表取締役社長 髙橋　史郎	〒103-0001 東京都中央区日本橋小伝馬町14-4 岡谷ビル TEL 03-3808-2281(代)　FAX 03-3808-2360 E-mail: kinno@nichino-ryokka.co.jp http://www.nichino-ryokka.co.jp	ターフ事業戦略室 室長 金野　弘樹
34	日 勝 ス ポ ー ツ 工 業 ㈱	代表取締役 岡田　一良	〒154-0005 東京都世田谷区三宿2-36-9 TEL 03-6805-2306　FAX 03-3410-7315 E-mail: honsha@nissho-sports.com http://www.nissho-sports.com	常務取締役 増尾　圭一
35	㈱ Ｎ Ｉ Ｐ Ｐ Ｏ	代表取締役社長 吉川　芳和	〒104-8380 東京都中央区京橋1-19-11 TEL 03-3563-6711　FAX 03-3567-7059 E-mail: okuda_kazuhiro@nippo-c.jp http://www.nippo-c.co.jp	営業第一部 部長 奥田　和宏
36	日 本 道 路 ㈱	代表取締役社長 久松　博三	〒105-0004 東京都港区新橋1-6-5 TEL 03-3571-4893　FAX 03-3289-1655 E-mail: katsunori.izawa@nipponroad.co.jp http://www.nipponroad.co.jp/	営業本部 技術営業部長 井澤　克則
37	㈱ 日 本 グ リ ー ン	代表取締役 三浦　彰太	〒513-0826 三重県鈴鹿市住吉3-1-20 TEL 059-378-0154　FAX 059-378-9565 E-mail: shota@nihongreen.co.jp http://www.nihongreen.co.jp	代表取締役 三浦　彰太
38	日 本 体 育 施 設 ㈱	代表取締役社長 小松　和幸	〒164-0003 東京都中野区東中野3-20-10 イドムコ中野ビル4F TEL 03-5337-2611(代)　FAX 03-5337-2610 E-mail: info@ntssports.co.jp http://www.ntssports.co.jp	代表取締役社長 小松　和幸
39	日本フィールドシステム㈱	代表取締役社長 鈴木　誠	本　　社 〒708-0876 岡山県津山市高尾573-1 TEL 0868-28-1801　FAX 0868-28-8951 設 計 部 〒336-0022 さいたま市南区白幡5-16-23 TEL 048-839-8427　FAX 048-839-8430 E-mail: nfs-sk@n-f-s.co.jp http://www.n-f-s.co.jp	設計部 部長代理 野崎　真一
40	長 谷 川 体 育 施 設 ㈱	代表取締役社長 仁ノ平俊和	〒154-0004 東京都世田谷区太子堂1-4-21 TEL 03-3422-5338　FAX 03-5430-2333 E-mail: fukaya@hasetai.com http://www.hasetai.com	設計部長 深谷　一仁
41	広 総 業 ㈱	代表取締役 竹内　順子	〒365-0038 埼玉県鴻巣市本町2-1-7 TEL 048-542-5936　FAX 048-542-6048 E-mail: hsk-hiro@alpha.ocn.ne.jp http://www.hirosougyo.co.jp/	取締役 竹内　千広
42	福 田 道 路 ㈱	代表取締役社長 海野　正美	本　　社 〒951-8503 新潟市中央区川岸町1-53-1 TEL 025-231-1211　FAX 025-231-1212 東京本社 〒102-0082 東京都千代田区一番町6番地 相模屋本社ビル6階 TEL 03-6268-9217　FAX 03-6268-9227 E-mail: m_suma@fukudaroad.co.jp http://www.fukudaroad.co.jp/	事業本部 部長 広域営業担当 須磨　衛

整理番号	会　社　名	代表者名	郵便番号・所在地 TEL・FAX・HP・E-mail	担当者名
43	ホームラン堂運動施設㈱	代表取締役 中澤　克彦	〒151-0053　東京都渋谷区代々木1-58-11 TEL 03-3370-5191(代)　FAX 03-3379-3986 E-mail: homerundo@homerundo.co.jp http://www.homerundo.co.jp	取締役 中澤　正大
44	㈱北越トラスト	代表取締役 須佐　正厚	〒947-0013　新潟県小千谷市大字上片貝76-1 TEL 0258-82-2634(代)　FAX 0258-83-2802 E-mail: mail@hokuetsutrust.co.jp http://www.hokuetsutrust.co.jp/	常務取締役 関　敏
45	㈱北陸体育施設	代表取締役 浅野　達広	〒938-0061　富山県黒部市生地神区306-1 TEL 0765-57-0979　FAX 0765-56-8607 E-mail: info@hokutai.com http://www.hokutai.com/	課長 岩井　貴宏
46	前田道路㈱	代表取締役社長 今泉　保彦	〒141-8665　東京都品川区大崎1-11-3 TEL 03-5487-0031　FAX 03-5487-0039 E-mail: maekawa@maedaroad.co.jp http://www.maedaroad.co.jp/	営業本部 第二営業部 課長 前川　洋介
47	ミ　ズ　ノ㈱	代表取締役社長 水野　明人	大阪本社 〒559-8510　大阪市住之江区南港北1-12-35 TEL 06-6614-8188　FAX 06-6614-8343 東京本社 〒101-8477　東京都千代田区神田小川町3-22 TEL 03-3233-7235　FAX 03-3295-4286 E-mail: mfukuda@mizuno.co.jp http://www.mizuno.co.jp	スポーツ施設 サービス事業部 事業推進部 事業推進1課 課長 福田　正巳
48	山一体育施設㈱	代表取締役 八子　恭一	〒183-0014　東京都府中市是政3-39-2 TEL 042-361-4060　FAX 042-361-4067 E-mail: info@yamaichi-t.co.jp http://www.yamaichi-t.co.jp	営業部 部長 田中　好
49	山田体育施設㈱	代表取締役 山田　実	〒154-0024　東京都世田谷区三軒茶屋1-35-3 TEL 03-3424-5351(代)　FAX 03-3418-7633 E-mail: sawaytk@snow.ocn.ne.jp http://www.yamada-taiiku.com	営業部 芳澤　徹
50	ヨコハマ弾性舗装システム㈱	代表取締役 矢野健太郎	〒108-0074　東京都港区高輪2-15-15 TEL 03-3441-0821　FAX 03-3441-6900 E-mail: age@surfam.co.jp http://www.surfam.co.jp/	執行役員 企画技術部 部長 富田　英二
51	㈱リッチエード	代表取締役 中村　春樹	〒390-0852　長野県松本市大字島立693-1 TEL 0263-47-7101　FAX 0263-47-9045 E-mail: rich-one@richade.co.jp http://www.richade.co.jp/	常務取締役 赤沼　賢一
52	和宏体育施設㈱	代表取締役 吉木　伸彦	〒154-0012　東京都世田谷区駒沢3-19-18 TEL 03-5431-3611　FAX 03-5431-1531 E-mail: tokyo@wako-taiiku.co.jp http://www.wako-taiiku.co.jp	総務部 係長 山岸　正弘

株式会社体育施設出版

（2024 年 2 月 5 日より）

〒101-0047

東京都千代田区内神田 1-3-5

　野村ビル 2F

TEL　03-6260-5910

FAX　03-6260-5904

URL　https://taiiku.co.jp/

屋外スポーツ施設のルール

令和4年改訂版

平成10年 9 月25日　初版発行
平成13年12月25日　改訂版発行
平成19年10月31日　改訂版発行
平成25年 5 月23日　改訂版発行
令和 4 年 2 月24日　改訂版発行

ISBN978-4-924833-73-9　C3052　￥3000E
定 価　3,300円　本体 3,000 円 ＋税

編　集　公益財団法人 日本スポーツ施設協会
発　行　　　　　　　屋外施設部会

　　　〒151-0051 東京都渋谷区千駄ヶ谷 5 丁目15-13
　　　　　　　　千駄ヶ谷エレガンス402号室
　　　　　　　　　　TEL 03-6380-5295
　　　　　　　　　　FAX 03-6380-5296
　　　URL http://www.jp-sfa.or.jp/bukai/okugai/index.html

印　刷　伊 藤 印 刷 株 式 会 社
　　　〒514-0027 三重県津市大門32-13
　　　　　　　　　　TEL 059-226-2545
　　　　　　　　　　FAX 059-223-2862
　　　　　　　　　　URL https://ito-pto.jp

発売元　株式会社　体育施設出版
　　　〒105-0014 東京都港区芝2-27-8 VORT芝公園 1 F
　　　　　　　　　　TEL 03-3457-7122
　　　　　　　　　　FAX 03-3457-7112
　　　　　　　　　　URL https://www.taiiku.co.jp